DIREITO À DESCONEXÃO DO TRABALHO

1ª edição — Maio, 2018
1ª edição, 2ª tiragem — Fevereiro, 2019
2ª edição — Junho, 2021

SANDRO NAHMIAS MELO
KAREN ROSENDO DE ALMEIDA LEITE

DIREITO À DESCONEXÃO DO TRABALHO

OBRA REVISTA E AMPLIADA

Teletrabalho · Uberização · Infoxicação
Reflexos da pandemia Covid-19

2ª EDIÇÃO

LTr Editora Ltda.

© Todos os direitos reservados

Rua Jaguaribe, 571
CEP 01224-003
São Paulo, SP — Brasil
Fone: (11) 2167-1101
www.ltr.com.br
Junho, 2021

Projeto Gráfico e Editoração Eletrônica: Peter Fritz Strotbek – The Best Page
Projeto de Capa: Danilo Rebello
Impressão: Meta Brasil

Versão impressa: LTr 6309.0 — ISBN 978-65-5883-049-8
Versão digital: LTr 9787.9 — ISBN 978-65-5883-060-3

Dados Internacionais de Catalogação na Publicação (CIP)
(Câmara Brasileira do Livro, SP, Brasil)

Direito à desconexão do trabalho : com análise crítica da reforma trabalhista : (Lei n. 13.467/217) / Sandro Nahmias Melo, Karen Rosendo de Almeida Leite. — 2. ed. — São Paulo : LTr, 2021.

Conteúdo : Teletrabalho, uberização, infoxicação, reflexos da pandemia Covid-19

Bibliografia.

ISBN 978-65-5883-049-8

1. Direito constitucional 2. Direito do trabalho 3. Direito do trabalho — Brasil 4. Trabalho em domicílio 5. Reforma trabalhista 6. Relações trabalhistas — Aspectos sociais I. Melo, Sandro Nahmias. II. Leite, Karen Rosendo de Almeida. III. Título.

21-65753   CDU-34:331.31

Índice para catálogo sistemático:

1. Direito à desconexão : Direito do trabalho
34:331.31

Aline Graziele Benitez - Bibliotecária - CRB-1/3129

VENTURA, Miriam. Judicialização da saúde: a balança entre acesso e equidade. *Physis*, Rio de Janeiro, vol. 20, n. 1, 2010. Disponível em: <http://www.scielo.br/scielo.php?script=sci_arttext&pid=S0103--73312010000100006&lng=pt&nrm=iso>. Acesso em: 17 mar. 2015.

VERSIGNASSI, Alexandre. O que é o "cão de Pavlov"? Em 18 abr. 2011. Disponível em: <https://super.abril.com.br/ciencia/o-que-e-o-cao-de-pavlov/>. Acesso em: 20 abr. 2020.

WILLEMANN, Ana Cristina. O direito fundamental ao meio ambiente no novo constitucionalismo latino-americano: Bolívia e Equador. *AREL FAAR*, Ariquemes, RO, v. 1, n. 3, p. 44-76, nov. 2013.

ZANON JUNIOR, Orlando Luiz. *Máxima da proporcionalidade*: a quebra do sigilo bancário pelo fisco e o direito fundamental à vida privada. Florianópolis: Momento Atual, 2004.

ZIPPERER, André Gonçalves. *A intermediação de trabalho via plataformas digitais*: repensando o direito do trabalho a partir das novas realidades do século XXI. São Paulo: LTr, 2019.

*A Orlando Melo, sua fala de incentivo
ecoará para sempre no meu coração*
(in memoriam).

Sandro Nahmias Melo

*Dedico essa obra à minha mãe Laudecy
Almeida, pelo apoio incondicional e
o constante incentivo e
à minha filha Alice,
meu amor maior.*

Karen Leite

Sumário

Nota à 2ª Edição.. 9

Prefácio 11

Introdução.. 15

Tempos modernos.. 15

Capítulo I — Meio Ambiente do Trabalho 17

1.1. Considerações ambientais... 17

1.2. Direito Ambiental ou Direito do Trabalho?.................. 19

1.3. Amplitude conceitual 21

1.4. Reforma trabalhista: de volta para o futuro?............... 23

1.5. Natureza jurídica.. 24

1.6. Princípios estruturantes 26

    1.6.1. Princípio do desenvolvimento sustentável.......... 27

    1.6.2. Princípio da precaução.. 30

    1.6.3. Princípio da prevenção 34

1.7. Tutela constitucional... 35

1.8. Meio ambiente do trabalho e o direito à saúde............ 37

    1.8.1. A saúde como direito fundamental 38

Capítulo II — Direito ao Desenvolvimento Econômico e os Avanços Tecnológicos 42

2.1. Direito Fundamental ao desenvolvimento econômico.... 42

    2.1.1. Aspectos fundamentais... 43

    2.1.2. Desenvolvimento econômico e meio ambiente..... 47

2.2. Teoria dos limites dos direitos fundamentais............... 47

2.3. A garantia do conteúdo essencial dos direitos fundamentais 49

2.4. Avanços tecnológicos.. 51

    2.4.1. Desenvolvimento e o comportamento humano....... 53

Capítulo III — O Direito à Desconexão 56

3.1. Conectividade e jogo de espelhos 56

3.2. *Smartphones*, nomofobia e vício 57

3.3. Infoxicação e Covid-19 62

3.4. Teletrabalho e amplitude conceitual 63

    3.4.1. Controle de jornada 67

    3.4.2. Acidente de trabalho 69

3.5. Reflexos da conectividade no ambiente laboral 71

    3.5.1. O monitoramento do empregador por meios eletrônicos e o direito à privacidade no ambiente de trabalho 71

    3.5.2. O uso de aplicativos de mensagens instantâneas no ambiente laboral 75

    3.5.3. Telepressão 77

3.6. Trabalhador de aplicativos e os algoritmos 79

    3.6.1. Algoritmo e a inteligência artificial 80

    3.6.2. Uberização e as leis dos algoritmos 82

    3.6.3. O meio ambiente do trabalho em tempos de pandemia 83

3.7. Duração do trabalho e o Direito do Trabalho 85

    3.7.1. Tutela constitucional 86

    3.7.2. Art. 62 da CLT — descompasso com a realidade e com a Constituição 89

3.8. O Direito à desconexão 93

    3.8.1. Aspectos conceituais 95

    3.8.2. O direito ao lazer e o não trabalho 97

    3.8.3. No Direito comparado 100

    3.8.4. Na jurisprudência 101

    3.8.5. A busca por felicidade 105

3.9. Dano existencial 107

    3.9.1. Indenização 113

Conclusão 121

Referências Bibliográficas 125

Nota à 2ª Edição

Reitere-se, o **futuro chegou**. Aquele profetizado nos filmes e livros de ficção científica. As novas tecnologias, como retratado na 1ª edição desta obra, continuam revolucionando o mundo do trabalho. A internet tornou-se ferramenta obrigatória em quase toda relação de trabalho, dissolvendo, cada vez mais, a fronteira entre a vida pessoal e a vida profissional.

A conectividade cresce a cada ano. A dependência — viciante do *smartphone* — é uma realidade. No século XXI, os **algoritmos**, apesar de invisíveis, são **onipresentes**. Algoritmos e inteligência artificial, apesar de quase imperceptíveis, dominam o cotidiano moderno. Algoritmos gerenciam dinheiro, relacionamentos — de amizade até os mais íntimos —, rotinas pessoais, lazer e, como não, **trabalho**.

Nesta segunda edição, além da atualização de legislação e jurisprudência, avançou-se no estudo das novas atividades decorrentes destes tempos modernos, entre elas as decorrentes da **GIG** *economy*, coordenadas por algoritmos de plataformas, a chamada Uberização do trabalho.

Esta nova, também, não poderia deixar de analisar os reflexos, no mundo do trabalho, da pandemia do Covid-19, com efeitos totais e finais ainda incertos.

Por fim, não poderíamos deixar de agradecer aos generosos leitores que avaliaram positivamente a obra, permitindo que a mesma, em pouco tempo, chegasse a esta 2ª edição.

Os autores.

Prefácio

Era uma alegria receber uma carta entregue em casa pelo carteiro. E um telegrama? Aquele de tirinhas coladas ou um grã-fino *western*. E um telefonema? Esperava-se conseguir a linha, ao ouvir o som contínuo, discava (era disco) o número, e, enfim... Não se conseguia falar com o outro lado: o sinal intermitente anunciava que o destinatário também estava usando a invenção de Graham Bell e estava ocupado...

Os tempos mudaram. Eram, como Sandro Nahmias Melo e Karen Rosendo de Almeida Leite escrevem no início da introdução deste livro, os *tempos modernos*. Agora mandar cartas, enviar telegrama, telefonar são *provas de imenso amor*.

O relacionamento epistolar deixou praticamente de existir. O carteiro entrega compras efetuadas *on line* através do *e-commerce*. O telegrama é tão raro que algumas pessoas sequer sabem o que é. No seu lugar, mais rápido, barato e eficaz, o *e-mail* desempenha a tarefa. E o telefone é um objeto de decoração, e o disco virou teclado. Usa-se o *smartphone*.

Para economizar tempo e dinheiro, as pessoas lançam mão das redes sociais. Todos cedemos (inclusive eu) ao *WhatsApp*, ao *Facebook* e aos outros meios de comunicação virtual que estão no nosso cotidiano e não nos deixam respirar tranquilamente.

Este é o quadro que vivemos neste quartel inicial do primeiro século do novo milênio. E daí para pior (ou melhor) conforme a vontade de cada qual.

Não conseguem as pessoas se desconectar desses instrumentos vorazes. Daí, os autores desta obra tiveram a oportuníssima lembrança de trazer à bibliografia brasileira um tema que, até agora, permanecia limitado a artigos isolados e, fazem essa tarefa em um texto denso, de muito conteúdo e de uma importância singular.

Toda essa tecnologia acabou com o surgimento de uma nova doença, a *nomotecnologia*, que é a fobia porque passam as pessoas quando não conseguem acesso aos recursos da informática. E sofrem como se estivessem com gravíssima enfermidade. E, o pior, estão mesmo, e necessitam de tratamento psicológico.

Ademais, graças às evoluções do mundo cibernético da metade do século XX para os dias correntes, intensificou-se o teletrabalho, e, atualmente, questiona-se muito a necessidade de controlar a sobrejornada dos teletrabalhadores, que, pela legislação atualmente em vigor no Brasil, não possuem direito a receber acréscimo decorrente de prestação de horas extras, porque estão atingidos pelas exceções do art. 62 da CLT. Todos sabemos, porém, que existem meios adequados para verificar e aferir jornada de trabalho mesmo das atividades realizadas remotamente.

O direito à desconexão envolve temas dessa natureza, e vai mais além, o que permite constatar que existe preocupação mundial em preservar o sigilo das correspondências inclusive virtuais da pessoa, o que inclui o trabalhador. Praticamente todas as Constituições do mundo contemplam esse aspecto ligado ao direito à intimidade e à privacidade do trabalhador, além de copiosa legislação infraconstitucional.

Dentre outras, a Constituição da Itália proíbe que a fiscalização do empregado se opere remotamente (art. 4º). Em Portugal, o Código do Trabalho de 2009 garante, no art. 170, respeito do repouso do trabalhador e de sua família, e visitas a sua residência (onde desenvolve atividades) somente podem ser realizadas entre 9 e 19hs, sendo proibido o uso de meios de vigilância a distância no local de trabalho (art. 20).

Na Europa insular, no Reino Unido, o *Lawful Business Practice Regulations* (*Interception of Communications*), de 2.10.2000, faculta ao empregador controlar, interceptar, gravar telefonemas, correio eletrônico e navegação pela internet, sem conhecimento do empregado, desde que exista alguma determinação legal, condição essencial para que possam ser vulnerados esses recursos virtuais.

Qual a finalidade desses mecanismos restritivos de fiscalização patronal? A garantia de privacidade e intimidade e o direito de repouso do trabalhador e sua família, enquadrados em temas tratados nesta oportuna obra, como exceção à telepressão porque pode passar o ser humano.

Como acentuam seus autores, e*ssa desconexão, para ser efetiva, precisa ser total, de forma que o indivíduo, fora do horário de expediente, não realize nenhuma atividade relacionada ao trabalho, como atender a chamadas telefônicas ou prestar esclarecimentos por aplicativos de mensagens instantâneas e correio eletrônico.*

Verifico, assim, que esta obra tem um papel singularmente importante na bibliografia nacional nesses novos momentos do Direito do Trabalho brasileiro. Assim deve ser entendido porque, além das mudanças no *modus vivendi* de trabalhadores e empresas, com os benefícios (e malefícios) da era virtual, ainda temos uma legislação nova, que revolucionou alguns paradigmas que adotava o Brasil no que respeita aos sistemas de proteção laboral.

As inovações, que eram reclamadas há muitos anos, operaram-se de modo supreendentemente rápido, ensejando que, em menos de 72 horas de vigor das mudanças da Lei n. 13.467/17, fosse editada uma Medida Provisória (n. 808/17) alterando-a em muitos aspectos, gerando uma verdadeira *reforma da reforma*.

Felizmente, possuímos juristas do porte de Sandro Nahmias Melo, no Brasil, que, unido a sua antiga orientanda de mestrado na Universidade do Estado do Amazonas (UEA), Dra. Karen Rosendo de Almeida Leite, nos oferece esta primorosa obra jurídica. Isto, certamente, minimiza as preocupações de todos.

Sandro Nahmias Melo é um dos grandes nomes do Direito do Trabalho da Amazônia. Magistrado trabalhista de carreira, exercendo a judicatura na 11ª Região, com sede em Manaus (Amazonas), é Mestre e Doutor em Direito pela Pontifícia Universidade Católica de São Paulo, Professor Adjunto da UEA e Titular da cadeira n. 20 da Academia Brasileira de Direito do Trabalho. De igual sorte, é autor de diversas obras jurídicas, dentre as quais *O direito ao trabalho da pessoa portadora de deficiência e o princípio constitucional da igualdade* (São Paulo, LTr, 2004), que tive a honra de prefaciar.

Nesta obra, sua antiga orientanda Karen Rosendo de Almeida Leite, advogada, Mestre em Direito Ambiental pela UEA e Pós-Graduada em Gestão de Cooperativas pela FACAT-RS, colaborou para o resultado exitoso que tenho a alegria de apresentar ao público leitor.

Sem dúvida, uma lacuna na bibliografia brasileira do moderno Direito do Trabalho está sendo preenchida com este livro, praticamente pioneiro, e que descortina nossos caminhos para o estudo desse importante ramo do direito que, nos últimos tempos, tem sofrido profundas alterações e que merece, sob todos os aspectos, ser reestudado e levar a todos uma profunda reflexão acerca do seu futuro, no sentido de garantir, sempre, a dignidade da pessoa humana.

Georgenor de Sousa Franco Filho
Desembargador do Trabalho de carreira do TRT
da 8ª Região. Doutor em Direito Internacional
pela Faculdade de Direito da Universidade de
São Paulo. Doutor *Honoris Causa* e Professor
Titular de Direito Internacional e do Trabalho da
Universidade da Amazônia. Presidente Honorário
da Academia Brasileira de Direito do Trabalho.
Membro da Academia Paraense de Letras.

Introdução

Tempos modernos

Tempos modernos. A profecia de Chaplin está consumada. Acordamos, nos alimentamos, nos divertimos, trabalhamos e vamos dormir cercados — e o mais grave — dependentes — de máquinas. Não necessariamente grandes, como as do filme da década de 1930. Pequenas em sua maioria, mas praticamente onipresentes.

O Big Brother — descentralizado — vaticinado por George Orwell, também é realidade na vida de qualquer portador dos chamados *smartphones*.

Em qualquer ambiente, público ou particular, cresce a concentração das pessoas em direção dos onipresentes *small* (pelo tamanho) *brothers*, ou *smartphones*. Mais do que isso, pesquisas indicam que — cada vez mais — tem aumentado a dependência desses aparelhinhos (nomofobia). Cabeças curvadas e olhares na telinha durante almoços, reuniões em família, jantares "românticos" e, também, no ambiente de trabalho que, atualmente, é transportado para onde quer que se vá.

A dependência — adquirida voluntariamente — relacionada aos atos mais comezinhos do dia a dia pode, e deve, ser encarada como problema de saúde pública (nomofobia). Entretanto, e quando esta dependência é derivada de imposição? Sendo decorrente de exigências ligadas ao de contrato de trabalho? Quais os limites para uso de meios informatizados como ferramentas de produção no meio ambiente de trabalho?

Mais importante, quais os reflexos do uso exagerado dos citados meios informatizados na saúde do trabalhador? O trabalhador tem direito à desconexão?

O presente trabalho guarda a pretensão de apresentar alguns indicativos de resposta a estes questionamentos. Para tanto, como eixo científico, foram utilizados os contornos da antinomia aparente entre o direito ao meio ambiente do trabalho saudável e o direito ao desenvolvimento econômico, ambos tutelados constitucionalmente, observada a garantia de seus núcleos essenciais.

Discorreu-se sobre a introdução de novas tecnologias no ambiente laboral, tais como o uso de câmeras, o monitoramento de correio eletrônico e telefônico, a inserção de aplicativos de mensagens instantâneas e o teletrabalho, elementos indicadores de profunda mudança no trabalho desenvolvido, com ruptura do paradigma de trabalho desenvolvido apenas em horário de expediente específico e dentro das instalações de um estabelecimento. Tudo isso com reflexos imediatos em direitos assegurados constitucionalmente, tais como: a sadia qualidade de vida no meio ambiente de trabalho, o lazer, o descanso, dentre outros, sendo necessária uma evolução normativa no sentido de ampliar a tutela desses direitos frente às novas casuísticas.

Basta considerar-se a maré montante diária de *e-mails* e mensagens por aplicativos de celular enviados a um empregado. Várias horas de trabalho são consumidas apenas para gerenciar tal comunicação. O excesso de conectividade nas relações de trabalho, seus efeitos na saúde e na produtividade do obreiro, como defendido nesta obra, impõem estudo multi-disciplinar profundo.

O aumento da conectividade nas relações de trabalho está ligado diretamente ao volume de labor a ser desenvolvido diariamente. Os meios informatizados — vinculados a uma atividade de trabalho — ainda que, potencialmente, possam estabelecer maior flexibilidade na rotina do trabalhador, ampliam, sobremaneira, a possibilidade de fiscalização do trabalho diário do mesmo.

Em termos sucintos, o objetivo geral desta obra é evidenciar os contornos de um **direito à desconexão do trabalho**, garantidor de sadia qualidade devida do homem-trabalhador, em diálogo direto, bem como em intersecção, com outros direitos fundamentais.

Nesse diapasão, no capítulo 1, tratou-se do direito ambiental e do meio ambiente do trabalho. Da intersecção entre normas e princípios de direito ambiental e direito do trabalho, defende-se a construção de uma nova disciplina: **o direito ambiental do trabalho**.

No capítulo 2 estudou-se o direito ao desenvolvimento e o avanço tecnológico, com enfoque na antinomia aparente com o direito ao meio ambiente ecologicamente equilibrado.

Por fim, no capítulo 3 discorreu-se sobre o **direito à desconexão**, os reflexos do desenvol-vimento tecnológico no ambiente laboral, a telepressão, tendo como fio condutor a teoria da harmonização de direitos fundamentais, em solução viável para conciliação dos direitos ao lazer e à sadia qualidade de vida. A lesão ao direito à desconexão também é tratada, refletindo no chamado **dano existencial**.

Meio Ambiente do Trabalho

"Antes de mais nada o trabalho é 'para o homem' e não o homem 'para o trabalho'"[1]

1.1. Considerações ambientais

O escalonamento do debate acerca de bases para uma nova disciplina jurídica indica que algo de fundamental está se transformando na sociedade. O surgimento de um novo referencial anuncia a possibilidade de abordagens diferenciadas de tutela jurídica. O novo paradigma, essencial para o presente estudo, é o meio ambiente do trabalho, pedra angular do direito ambiental do trabalho.

Neste particular, a Constituição de 1988 inovou em matéria ambiental ao dispor, expressamente (inc. VIII, art. 200), que "ao sistema único de saúde compete, além de outras atribuições, nos termos da lei: (...) — colaborar na proteção do **meio ambiente, nele compreendido o do trabalho**". O debate doutrinário sobre o tema ambiental à época da promulgação da carta constitucional, entretanto, tinha viés preponderantemente adstrito à fauna e flora. O Direito ambiental moderno e respectiva discussão doutrinária, contudo, em claro processo de amadurecimento, não se encontra limitado a uma corrente filosófica ecocêntrica.

Como adverte Julio Cesar Sá da Rocha (2002, p. 77), "a discussão sobre a gênese do direito ambiental pode ser mais bem compreendida, quando se nota que concepções e pensamentos filosóficos fundam essa disciplina jurídica".

Ora, se adotada a corrente filosófica denominada ecocentrismo como linha mestra do Direito Ambiental, torna-se, ao nosso ver, insólito e infértil o estudo, ainda que meramente didático, do meio ambiente do trabalho. Note-se que, no meio ambiente do trabalho, os interesses do homem (trabalhador) prevalecem sobre o ecológico e o econômico.

No ecocentrismo, os "partidários de um fundamentalismo ecológico", na expressão de Miguel Reale (2004), entendem que "o homem deve ser encarado 'como um ser vivo como outro qualquer' sendo o ecológico o 'valor absoluto'".

Como já exposto, não nos parece razoável a adoção do ecocentrismo no Direito Ambiental. Note-se que os seres não humanos são incapazes de exercer deveres ou de reivindicar direitos de forma direta. Embora ordenamento jurídico brasileiro lhes atribua uma série de "direitos", esse ordenamento é fruto de criação humana, tendo como destinatário principal o homem.

---

(1) PAULO II, Papa João. Encíclica *Laborem Exercens*. In: *Encíclicas do Papa João Paulo II*, p. 111.

Como afirma Julio César Sá da Rocha (2002, p. 79), "tutelam-se, juridicamente, a fauna, a flora as florestas e os demais recursos naturais em razão do próprio ser humano por diferenciadas razões e justificativas". Em síntese, o meio ambiente deve ser preservado na medida em que o ser humano depende dos recursos naturais. Quando o homem passa a ser prioridade na questão ambiental temos em aplicação o antropocentrismo.

Miguel Reale (2004) defende que há necessidade "de se reconhecer que o ecológico não é um valor absoluto, porquanto a preservação do meio ambiente é exercida em função da vida humana, ou por outras palavras, da 'pessoa humana', a qual representa o valor-fonte de todos os valores. A ecologia subordina-se assim, à Antropologia, o que o Ministério Público não raro esquece, perpetrando erros que bloqueiam iniciativas do maior alcance social e existencial".

Registre-se que o legislador constituinte, no *caput* do art. 225, ao usar a expressão *sadia qualidade de vida*, optou por estabelecer dois sujeitos de tutela ambiental: "**um imediato**, que é a qualidade do meio ambiente, e **outro mediato**, que é a saúde, o bem-estar e a segurança da população, que se vêm sintetizando na expressão da qualidade de vida" (SILVA, 2005, p. 54). **A saúde mencionada é a do ser humano**.

Cristiane Derani (1997, p. 71), com fineza de pensamento, conclui que "isto significa que o tratamento legal destinado ao meio ambiente permanece necessariamente numa visão antropocêntrica porque esta visão está no cerne do conceito de meio ambiente" e arremata asseverando que "as normas ambientais são essencialmente voltadas a uma relação social e não a uma 'assistência' à natureza".[2]

Assim sendo, se o meio ambiente que a Constituição Federal quer ver preservado é aquele *ecologicamente equilibrado, bem como de uso comum do povo e essencial à sadia qualidade de vida* (art. 225, *caput*), então o homem, a natureza que o cerca, a localidade em que vive, o local onde trabalha, não podem ser considerados como compartimentos fechados, senão como "átomos de vida", integrados na grande molécula que se pode denominar de "existência digna". Rodolfo Mancuso (1996, p. 57) esclarece que:

> O 'conceito holístico de meio ambiente' não se compadece com situações em que os recursos naturais venham (muito justamente) preservados, mas sem que o ser humano ali radicado seja objeto de iguais cuidados, como quando se vê constran-

---

(2) A ideia antropocêntrica, ressalte-se, não é defendida apenas por pesquisadores da ciência jurídica. Neste sentido, o Diretor do INPA (Instituto Nacional de Pesquisas da Amazônia), Pesquisador Adalberto Luiz Val, PhD em Biologia de água doce e pesca interior, entende que o meio ambiente precisa ser trabalhado como meio de garantir o desenvolvimento do país, o que não pode ocorrer sem projetos ambientais voltados à inclusão social. "O objetivo final da ciência é viabilizar a inclusão social. Não adianta ter essa floresta lindíssima, ter essa diversidade de peixes e ficar protegendo, com o nosso povo passando fome, vivendo mal, não tendo acesso à energia elétrica e a outras benesses da tecnologia. Todo mundo quer ver uma bela televisão, todo mundo quer ter um processo de comunicação rápido. Agora, a gente só pode viabilizar isso por meio da inclusão social, a partir da disponibilidade para essa sociedade de meios produtivos. Se o caboclo não tiver uma forma de se envolver com a questão, ele vai continuar desmatando, destruindo e poluindo. É preciso ampliar as informações utilizando áreas que já estão degradadas no sistema para gerar novos produtos na região, em vez de desmatar novas áreas". *Revista Amazônia Viva*, Editora Vinte Um, ano I, n. 0, p. 8, nov./dez. 2007.

gido a trabalhar em condições subumanas, perigosas, insalubres, degradantes, excessivamente estressantes ou ainda percebendo remuneração irrisória, contrariando a sabedoria popular de que 'o trabalho é meio de vida e não de morte...

Neste sentido, conforme já observado em outra oportunidade na obra **Meio ambiente do trabalho: direito fundamental** (MELO, 2001, p. 26-30), "o conceito de meio ambiente é amplo, não estando limitado, tão somente, a elementos naturais (águas, flora, fauna, recursos genéticos etc.), mas incorpora elementos ambientais humanos, fruto de ação antrópica". Assim, considerando que o meio ambiente do trabalho está indissociavelmente ligado ao meio ambiente geral, é forçosa a conclusão no sentido de ser impossível qualidade de vida sem ter qualidade de trabalho, nem se pode atingir meio ambiente equilibrado e sustentável, ignorando o meio ambiente do trabalho (OLIVEIRA, 2011, p. 127).

1.2. Direito Ambiental ou Direito do Trabalho?

Apesar de superada a aridez inicial de trabalhos jurídicos no Brasil que discorressem sobre o tema meio ambiente do trabalho e, em particular, sobre o que se convencionou denominar Direito Ambiental do Trabalho[3] — cerca de dois até a virada do milênio —, o significativo número de obras hoje existentes sobre o assunto[4], em sua maioria, não enfrenta uma questão complexa: **o meio ambiente do trabalho está vinculado, em sua essência, ao direito do trabalho ou ao direito ambiental?** A tendência de algumas abordagens é limitar o tratamento da matéria como subtema do direito do trabalho. A questão, todavia, não nos parece tão simples.

Paulo de Bessa Antunes (2002, p. 1977), após suscitar o mesmo questionamento supra, afirma que não se pode enquadrar o direito ambiental dentro de um modelo "quadrado", que o reparte em departamentos estanques, definindo campos para a incidência desta ou daquela norma.

A relevância desta discussão sobreleva-se quando considerado que renomados ambientalistas sequer entendem como cientificamente adequado o estudo do meio ambiente

---

(3) Cf. FIGUEIREDO, Guilherme José Purvin de. *Direito ambiental e a saúde dos trabalhadores* 2. ed. São Paulo: LTr, 2007 e ROCHA, Júlio César Sá da. *Direito ambiental do trabalho.* São Paulo: LTr, 2002. FELICIANO, Guilherme Guimarães; URIAS, João (Coords.). *Direito Ambiental do Trabalho v. 1:* Apontamentos para uma teoria geral: saúde, ambiente e trabalho: novos rumos de regulamentação jurídica do trabalho. São Paulo: LTr, 2013.

(4) Ver obras de Sandro Nahmias Melo (*Meio ambiente do trabalho:* direito fundamental. São Paulo: LTr, 2001); Sandro Nahmias Melo e Thaísa Rodrigues Lustosa de Camargo (*Princípios de direito ambiental do trabalho.* São Paulo: LTr, 2013); Julio Cesar de Sá da Rocha (*Direito ambiental e meio ambiente do trabalho.* São Paulo: LTr, 1997 e *Direito ambiental do trabalho.* São Paulo: LTr, 2002); Guilherme José Purvin de Figueiredo (*Direito ambiental e a saúde dos trabalhadores.* São Paulo: LTr, 2007); João José Sady (*Direito do meio ambiente do trabalho.* São Paulo: LTr, 2000); Liliana Allodi Rossit (*O meio ambiente de trabalho no direito ambiental brasileiro.* São Paulo: LTr, 2001); Sidnei Machado (*O direito à proteção ao meio ambiente de trabalho no Brasil.* São Paulo: LTr, 2001); Associação Nacional dos Procuradores do Trabalho (*Meio ambiente do trabalho.* São Paulo: LTr, 2002); Norma Sueli Padilha (*Do meio ambiente do trabalho equilibrado.* São Paulo: LTr, 2002); Raimundo Simão de Melo (*Direito ambiental do trabalho e a saúde do trabalhador.* São Paulo: LTr, 2004); Gustavo Filipe Babosa Garcia (*Meio ambiente do trabalho:* direito, segurança e medicina do trabalho. São Paulo: Método, 2006); Fábio Fernandes (*Meio ambiente geral e meio ambiente do trabalho:* uma visão sistêmica. São Paulo: LTr, 2009); Fabio Freitas Minardi (*Meio ambiente do trabalho:* proteção jurídica à saúde mental. Curitiba: Juruá, 2010)

em **"aspectos"**, notadamente: o meio ambiente **natural**, o **artificial**, **cultural** e **do trabalho**, conforme pontificado por José Afonso da Silva (2009, p. 149).

Nesse sentido, Cristiane Derani (1997, p. 149) observa que "na medida em que o homem integra a natureza e, dentro do seu meio social, transforma-a, não há como referir-se à atividade humana sem englobar a natureza, cultura, consequentemente sociedade. Toda relação humana é uma relação natural, toda relação com a natureza é uma relação social".

Guilherme José Purvin de Figueiredo (2007, p. 42), por seu turno, defende que não faz sentido a dicotomia meio ambiente natural *x* artificial quando se trata de meio ambiente do trabalho, afirmando que "é necessário realizar a conjunção do elemento espacial (local de trabalho) com o fator ato de trabalhar. Dentro dos estreitos limites daquela dicotomia, este novo elemento diferenciador não encontra exclusividade em qualquer das duas áreas".

Apesar destes entendimentos, cumpre destacar que é a própria Constituição Federal que estabelece a **tutela específica e/ou expressa** de **aspectos** do meio ambiente geral (art. 225, *caput*, e §1º, incisos I e VII; art. 182; art. 216; art. 200, inciso VIII). Este, inclusive, é o entendimento, de renomados doutrinadores do direito ambiental, entre eles Luís Paulo Sirvinskas (2010, p. 24) que assevera, com autoridade, "que o conceito legal de meio ambiente é amplo e *relacional*, permitindo-se ao direito ambiental brasileiro a aplicação mais extensa que aqueles de outros países", e arremata declarando que "para o campo de estudo em análise, adotar-se-á a classificação de meio ambiente: natural, cultural, artificial e do trabalho. Trata-se de uma classificação didática e útil para a compreensão de seus elementos".

Aqui um registro se faz necessário. Entende-se como tecnicamente inadequada a apresentação do meio ambiente **em espécies** ou **classes**, sob pena de esvaziar-se toda a premissa de **unidade** e **indivisibilidade** do meio ambiente. O aspecto refere-se à parte indissociável de alguma coisa, a um ponto de vista, enquanto uma espécie remete a ideia de partes autônomas, de subdivisão do gênero, de conjunto de indivíduos. Ora, o meio ambiente, como se sabe, não possui elementos estanques, sendo a sua indivisibilidade pedra angular do direito ambiental.

Nesse sentido sustenta Fábio Fernandes (2009, p. 20):

> É como se a divisão dos aspectos que compõem o meio ambiente deixasse de ser, como aludimos acima, apenas uma estratégia de facilitação de estudo, para a melhor compreensão do fenômeno, e 'passasse' a ter 'vida própria', com um distanciamento cada vez maior da parte em relação ao todo, atingindo, dessa forma, uma dimensão que não se coaduna com o seu propósito inicial de cunho meramente didático-elucidativo. Observe-se que a própria denominação 'aspectos' está a revelar peculiaridades dentro do uno.

Ressalta-se, uma vez mais, que o meio ambiente, em todas as suas nuanças, é uno e indivisível, não admitindo compartimentação. Não se sustenta, portanto, a divisão do meio ambiente em subespécies ou classes, sob pena de admitir-se que as ações humanas, de qualquer natureza, incidentes sobre determinado aspecto do meio ambiente, não tenham, necessariamente, qualquer repercussão sobre os demais aspectos do mesmo.

O estudo do meio ambiente em aspectos facilita a visualização do bem imediatamente tutelado, tal como acontece com uma parte do corpo humano (membros, ossos, órgãos etc.) sob um microscópio. O estudo daquela parte integrante de um todo, como se faz na medicina, tornar-se-á mais claro e didático. Os problemas daquela área em estudo ficarão evidenciados, o que não quer dizer que a mesma deixou de ter ligação direta com as demais áreas do corpo, em uma verdadeira e contínua troca de energias.

Feitas estas considerações, entendemos que o direito ambiental do trabalho, assim como o direito ambiental, é marcado pela interdisciplinaridade, demandando não só diálogo, mas o uso de elementos, instrumentos e normas próprios de outras disciplinas, as quais de forma direta ou indireta tutelam a sadia qualidade de vida do homem-trabalhador, entre elas, exemplificativamente, o direito ambiental, o direito do trabalho, o direito previdenciário e o direito sanitário. Ressalte-se que o direito ambiental do trabalho, como uma disciplina que ainda está tendo os seus contornos desenhados, para fins de construção de arcabouço principiológico e normativo, demanda **intersecção com normas de outros ramos do direito**.

Assim sendo, o direito do trabalho e o direito ambiental não só se interceptam, quando tratamos de meio ambiente do trabalho, mas como comportam, com relação ao seu destinatário final (o homem), objetivos símiles, buscam ambos a melhoria do bem-estar do homem-trabalhador e a estabilidade do processo produtivo. O que os diferencia é a abordagem dos diferentes textos normativos que os integram. Em síntese, **da intersecção**[5] entre o direito do trabalho, do direito ambiental e de outras disciplinas como o direito da seguridade social, no que tange às normas relativas à sadia qualidade de vida do homem-trabalhador, **temos a base normativa do novel direito ambiental do trabalho**. Esta nova disciplina, com contornos em processo de lapidação, começa a apresentar, inclusive, princípios próprios, como já defendido na obra "Princípios de direito ambiental do trabalho" (MELO; CAMARGO, 2013).

1.3. Amplitude conceitual

Considerando que o meio ambiente do trabalho está indissociavelmente ligado ao meio ambiente geral, forçosa é a conclusão no sentido de ser impossível ter qualidade de vida sem ter qualidade de trabalho, nem se pode atingir meio ambiente equilibrado e sustentável, ignorando o aspecto do meio ambiente do trabalho (OLIVEIRA, 2011, p. 127).

O meio ambiente do trabalho não está adstrito ao local, ao espaço, ao lugar onde o trabalhador exerce suas atividades (uma sala, um prédio, edificações de um estabelecimento). Muitos trabalhadores exercem suas atividades em local distinto das edificações da empresa (ônibus, metrô, trem, aviões). Atualmente, inclusive, o **teletrabalho** pode ser realizado em qualquer lugar (em domicílio, em vias públicas) e por um número ilimitado de pessoas que, por seu turno, podem fazer parte de determinada empresa sem que, necessariamente, tenham acesso às dependências físicas da mesma ou mesmo contato pessoal com colegas de trabalho.

O meio ambiente do trabalho, portanto, é constituído por todos os elementos que compõem as condições (materiais e imateriais, físicas ou psíquicas) de trabalho de uma pessoa.

---

(5) Operação através da qual se consegue um conjunto composto por elementos comuns a outros (dois) conjuntos.

Assim, cumpre destacar que a mera observância de normas de ergonomia, luminosidade, duração de jornada de trabalho, previstas em lei, não autoriza — por si só — a conclusão por higidez no meio ambiente do trabalho. Um trabalho realizado em condições extremas, estressantes poderá ser tão ou mais danoso ao meio ambiente do trabalho que o labor realizado em condições de potencial perigo físico. O dano à saúde psíquica — por suas peculiaridades — dificilmente tem seu perigo imediato identificado, o que, todavia, não subtrai o direito do empregado a ter saúde no meio ambiente do trabalho[6].

Arion Sayão Romita (2005, p. 383) observa, com acuidade:

> Importante é a conceituação de meio ambiente do trabalho apta a recolher o resultado das transformações ocorridas nos últimos tempos nos métodos de organização do trabalho e nos processos produtivos, que acarretam a desconcentração dos contingentes de trabalhadores, não mais limitados ao espaço interno da fábrica ou empresa. Por força das inovações tecnológicas, desenvolvem-se novas modalidades de prestação de serviços, como trabalho em domicílio e teletrabalho, de sorte que o conceito de meio ambiente do trabalho se elastece, passando a abranger também a moradia e o espaço urbano.

Inúmeros podem ser os componentes que permeiam um determinado meio ambiente de trabalho. No dizer de Julio Cesar de Sá da Rocha (2002, p. 254):

> (...) há que se perceber o caráter relativo e profundamente diferenciado de prestação da relação de trabalho e do espaço onde se estabelecem essas relações. Com efeito, a tamanha diversidade das atividades implica uma variedade de ambientes de trabalho. A referência acerca do meio ambiente de trabalho assume, assim, conteúdo poliforme, dependendo de que atividade está a ser prestada, e como os 'componentes' e o 'pano de fundo' reagem efetivamente.

Ressalte-se, ainda, que o conceito de trabalho humano ou de trabalhador, para fins da definição do meio ambiente do trabalho, não está atrelado necessariamente a uma relação de emprego subjacente e sim a uma atividade produtiva. Todos aqueles que prestam trabalho nestes termos têm o direito fundamental de realizá-lo em um local seguro e saudável, nos termos do art. 200, VIII, c/c art. 225 da CR, tanto o empregado clássico quanto os trabalhadores autônomos, terceirizados, informais, eventuais e outros. Todos, enfim, que disponibilizam sua energia física e mental para o benefício de outrem, inseridos em uma dinâmica produtiva. O conceito de meio ambiente do trabalho deve abranger, sobretudo, as relações interpessoais — relações subjetivas — especialmente as hierárquicas e subordinativas, pois a defesa desse bem ambiental espraia-se, em primeiro plano, na totalidade de reflexos na saúde física e mental do trabalhador (MELO; CASTILHO, 2011, p. 06).

Reitera-se, após as digressões supra, que o conceito de **meio ambiente do trabalho é constituído por todos os elementos que compõem as condições (materiais e imateriais,**

---

(6) O direito à sadia qualidade de vida insculpido no art. 225 da Constituição da República não está limitado ao aspecto da saúde física. Segundo o conceito estabelecido pela Organização Mundial de Saúde — OMS (1986, p. 13), a saúde é "um estado completo de bem-estar físico, mental e social, e não somente a ausência de doença ou enfermidade", sendo essa a verdadeira concepção tutelada pela Carta Política de 1988.

físicas ou psíquicas) de trabalho de uma pessoa, relacionadas à sua sadia qualidade de vida. Neste viés, não assegurado o direito à higidez no meio ambiente do trabalho — com lesões à saúde do trabalhador — teremos, necessariamente, lesão àquele meio e, considerada a visão sistêmica no presente estudo, ao meio ambiente geral.

1.4. Reforma trabalhista: de volta para o futuro?

No campo do direito material, a **Lei n. 13.467/2017** — aprovada no Congresso Nacional em velocidade avassaladora e sem diálogo com a sociedade — parece repetir, em parte, o roteiro do filme clássico "DE VOLTA PARA O FUTURO".

Ora, segundo uma das premissas da "Reforma Trabalhista", a legislação trabalhista — anacrônica e caduca — tem que se modernizar e ir em direção ao futuro. Entretanto nossos roteiristas do Congresso Nacional tiveram, na prática, objetivo diferente. Se não, vejamos nós.

Tal como no filme da década de 1980, o protagonista e herói — no nosso caso o trabalhador brasileiro — seguia sua vida — já nada fácil — até ser perseguido por vilões que acabam fazendo com que ele volte ao passado. Após a viagem temporal, o herói fica preso no passado, lutando, com todas as forças, para voltar para o futuro. E o passado para nosso herói nunca foi fácil. A proteção dos seus direitos sempre foi coisa do futuro, mediante muita luta.

A Reforma Trabalhista, baseada em pós-verdades, ou mentiras mesmo, transporta o trabalhador brasileiro para o passado. Ponto.

E nesse contexto, segue nosso herói lutando para voltar ao futuro. De fato, o nosso presente. Presente onde a CLT, antes da Lei n. 13.467/2017, não impedia o aumento do número de empregos — como aconteceu até 2014 —, onde a CLT não impediu a recente recuperação econômica (2017), apesar da maior crise institucional brasileira, onde conquistas históricas quanto aos limites da jornada de trabalho, quanto à proteção da saúde — física e psíquica — dos trabalhadores são vistas como avanço e não como obstáculo ao crescimento, tal como defendiam os empresários da Revolução Industrial.

Neste contexto, com a Lei n. 13.467/2017, temos caracterizada a volta ao passado. A Reforma Trabalhista que, pretensamente, buscou "modernizar" a CLT, em especial quanto ao controle da jornada de trabalho, não trouxe qualquer avanço ou modernização, protagonizando sim verdadeiro retrocesso social.

É certo que a CLT, em seu nascedouro, regulava — tutelava — atividades que sequer hoje existem. Sua recente "modernização" tampouco, em observância aos primados do Direito do Trabalho, considera os avanços tecnológicos na área das comunicações referentes à transmissão de voz e dados por aparelhos celulares, *smartphones, notebooks*, que passaram a facilitar a comunicação direta da empresa com o seu empregado. A jurisprudência dos tribunais brasileiros, como se verá adiante, reconhece que essas novas tecnologias passaram a limitar a liberdade do trabalhador durante seus intervalos para descanso e folgas, especialmente quando considerado o aspecto psicológico, pois este sofre da ansiedade de, a qualquer momento, ser convocado pelo empregador para prestar serviços de imediato.

Neste contexto, a ideia de inexistência de limites claros para a jornada de um teletrabalhador nos remete ao passado — próprio da Revolução Industrial — no qual o labor era desenvolvido até o limite da exaustão física.

A Constituição da República é o dispositivo de segurança que, a despeito da Lei n. 13.467/2017, deve trazer o nosso herói — trabalhador brasileiro — de volta ao futuro.

1.5. Natureza jurídica

O meio ambiente do trabalho enquanto objeto de tutela jurídica exige normas de caráter repressivo e, principalmente, preventivo, tendo em vista que os danos ambientais dificilmente podem ser reparados em sua totalidade.

A tutela jurídica do ambiente surgiu da necessidade de assegurar a própria existência humana que depende de uma salvaguarda mínima dos bens ambientais. A proteção do meio ambiente do trabalho, e por correspondência do meio ambiente geral, implica em proteção à saúde e bem-estar de todo trabalhador.

O meio ambiente do trabalho precisa ser reconhecido como aspecto essencial para a proteção do meio ambiente geral, na medida em que é onde o homem passa a maior parte do seu dia, sendo influenciado e afetado diretamente por todos os elementos — materiais e imateriais — que o cercam. E, para tanto, o estudo de sua natureza jurídica é de extrema relevância.

Ora, como se sabe, o meio ambiente tem titularidade plural, coletiva, não sendo propriedade de alguém individualmente considerado. Neste viés, Cappelletti declara que "em particular o direito ao ambiente natural e ao respeito às belezas monumentais, o direito à saúde e à segurança nacional (...), todos esses direitos, que nunca foram colocados em qualquer legislação progressista, têm **caráter difuso**, pertencem à coletividade" (CAPPELLETTI, 1977, p. 131).

Pedro Paulo Teixeira Manus define, com clareza habitual, o interesse ou direito difuso como sendo "aquele que transcende o direito individual, sendo indivisível e cujos titulares não podem ser individualizados" (MANUS, 1995, p. 157).

Os interesses ou direitos difusos pertencem ao gênero de interesses meta ou transindividuais, aí compreendidos aqueles que transpõem a linha do individual, para se inserirem num contexto global, em uma ordem coletiva *latu sensu*. Lembra Mancuso que "neste campo, o primado recai em valores de ordem social, como 'o bem comum', a 'qualidade de vida', os 'direitos humanos' etc."(MANCUSO, 1997, p. 120).

Ressalte-se desde logo a íntima relação das características entre os direitos difusos com os chamados direitos fundamentais de terceira geração. Aqueles, segundo Mancuso, são marcados pela indeterminação dos sujeitos/indivisibilidade do objeto. Estes, de certa forma, também. Os direitos enfeixados nesta geração (meio ambiente, saúde, qualidade de vida) não possuem um titular definido, em termos de exclusividade. Tais direitos fundamentais, tal qual os interesses difusos, "constituem a 'reserva', o 'arsenal' dos anseios e sentimentos mais profundos que, por serem necessariamente referíveis à comunidade ou a uma categoria como um todo, são insuscetíveis de apropriação a título reservado" (MANCUSO, 1996, p. 121).

O direito ao meio ambiente equilibrado, nele compreendido o do trabalho, surge dentre os novos padrões de conflituosidade, como direito de todos e de ninguém — em termos exclusivos — ao mesmo tempo, ou seja, difuso de titulares indetermináveis.

Observe-se, todavia, que os interesses difusos, por pertencerem a uma coletividade, não podem ser considerados, sem ressalvas, como *res nullius*, coisa de ninguém — por não possuírem titulares determinados — mas, ao contrário, são, em resumo, *res omnium*, coisa de todos[7].

Também se afigura como coisa de todos o meio ambiente do trabalho, quando considerado que umbilicalmente ligado ao mesmo estão os direito à saúde, segurança e qualidade de vida do trabalhador. Ou seja, "o equilíbrio do meio ambiente de trabalho e a plenitude da saúde do trabalhador, constitui direito essencialmente difuso, inclusive porque a tutela tem por finalidade a proteção da saúde, que, sendo direito de todos, de toda a coletividade, caracteriza-se como um direito eminentemente metaindividual" (ROCHA, 1997, p. 32).

Celso Antonio Fiorillo (1997, p. 66), ao abordar o tema meio ambiente do trabalho, obtempera:

> Neste, o objeto jurídico tutelado é a saúde e segurança do trabalhador, qual seja da sua vida, na medida que ele, integrante do povo, titular do direito ao meio ambiente, possui direito à sadia qualidade de vida. O que se procura salvaguardar é, pois, o homem trabalhador, enquanto ser vivo, das formas de degradação e poluição do meio ambiente onde exerce o seu labuto, que é essencial à sua qualidade de vida. **Trata-se, pois, de um direito difuso.** (grifamos)

Definida a natureza do meio ambiente do trabalho como **difusa**, cumpre destacar que a mesma advém da circunstância dos titulares do direito não estarem ligados por qualquer *liame jurídico*, mas sim *de fato*. Neste sentido, Mancuso destaca que "se quer realmente tutelar os interesses difusos, não se lhes pode impor a exigência *sine qua non* da 'organização'; não se lhes pode exigir que se apresentem adrede aglutinados em torno de um *ente esponenziale* personificado"(MANCUSO, 1997, p. 122-123).

---

(7) Segundo Rodolfo Mancuso (1997. *Interesses difusos*: conceito e legitimação para agir, p. 67) —, os interesses difusos possuem as seguintes características básicas:

a) indeterminação de sujeitos — derivada do fato de que não há vínculo jurídico a aglutinar os sujeitos afetados (relação jurídica base de que fala o Código do Consumidor). Assim, os sujeitos se agregam ocasionalmente, em face de situações de fato (por morarem em determinada região, consumirem determinado produto);

b) indivisibilidade do objeto — porque não podem ser rateados em quotas atribuíveis a pessoas ou grupos predeterminados. Sob esta ótica, os interesses difusos são uma espécie de comunhão tipificada pelo fato de que a satisfação de um só implica, obrigatoriamente, a satisfação de todos, assim como a lesão de um, configura a lesão da coletividade inteira;

c) "intensa litigiosidade interna" — visto que não se trata de controvérsias envolvendo situações jurídicas específicas (do tipo A se julga credor de B, que resiste àquela pretensão), mas de litígios que envolvem verdadeiras "escolhas políticas". Por exemplo, a proteção dos recursos ambientais conflita com os interesses da mineradora e, consequentemente, com os interesses dos garimpeiros para a manutenção de suas atividades;

d) "transição ou mutação no tempo e espaço" — derivando do fato do vínculo entre as pessoas ser mutável, podendo desaparecer ou diminuir conforme o tempo.

Com relação ao meio ambiente do trabalho, entretanto, no qual os interesses envolvem, com maior frequência, categorias ou grupos de trabalhadores, cujos direitos são denominados habitualmente de coletivos *stricto sensu*, mister faz-se diferenciá-los dos direitos que também abrangem coletividades, denominados difusos.

Nas duas modalidades de interesses marcadamente coletivos, os difusos e os coletivos *stricto sensu*, o traço diferenciador assenta-se na determinabilidade da titularidade. Para os interesses difusos a titularidade é de comunidade indeterminável, enquanto que, para os coletivos observa-se a titularidade de categoria ou grupo determinável.

Apesar desses delineamentos conceituais, é imperioso reconhecer que um interesse metaindividual, como gênero, pode enquadrar uma ou outra de suas espécies — difuso, coletivo, individual homogêneo — segundo a trilogia adotada no art. 81 do Código de Defesa do Consumidor, propiciados por uma mesma ocorrência fático-jurídica, dependendo da óptica em que se coloque o observador e do "grau de coletivização" que tenha alcançado. É Mancuso (1997, p. 54) quem nos apresenta um exemplo dentro do tema meio ambiente:

> [...] a questão da utilização, numa determinada lavoura, de certo herbicida poten-cialmente perigoso ao homem: se o que pretende preservar é a saúde humana, genericamente ameaçada ou lesada pela indevida ou excessiva utilização do citado agrotóxico na agricultura, esse interesse será difuso; se o que se tem em vista são as condições de segurança e higidez de uma dada categoria de trabalhadores (no exemplo, os trabalhadores rurais na colheita de cana), o interesse se revela coletivo em sentido estrito; finalmente, se o de que se trata é da reparação pelos danos concretamente causados à saúde dos trabalhadores intoxicados por aquele produto, se estará falando de interesses individuais homogêneos.

Essa "superposição de planos", mencionada por Mancuso (1997, p. 55), teve seu cerne captado pela Súmula de Entendimento n. 6, do Conselho Superior do Ministério Público:

> Em matéria de dano ambiental provocado por fábricas urbanas, além das even-tuais questões atinentes ao direito de vizinhança, a matéria pode dizer respeito à qualidade de vida dos moradores da região (interesses individuais homogêneos), podendo ainda interessar a toda a coletividade (interesse difuso no controle das fontes de poluição da cidade, em benefício do ar que todos respiram).

Entretanto, reconhecemos a necessidade de que, ao menos substancialmente, a natureza de um direito seja definida e revelada. Assim sendo, enquanto não atingir um grau de coorde-nação, ou seja, não ficar organizado em termos de titulares, **o direito ao meio ambiente do trabalho pode ser classificado como sendo essencialmente difuso**.

1.6. Princípios estruturantes

Os princípios são alicerces que embasam todo o ordenamento jurídico. Possuem conexões entre si e com as normas, tornando o ordenamento jurídico harmônico e auxiliando na interpretação das normas, suprindo lacunas e orientando a atuação do Estado.

Diferem-se das regras, segundo Alexy (2015), pelo grau de abstração relativamente alto, pelo caráter explícito de seu conteúdo axiológico, por serem normas de argumentação e não de comportamento, dentre outros elementos diferenciadores. Os princípios podem ser satisfeitos em diferentes graus, e em caso de colisão de princípios podem ser afastados no caso concreto.

Já as regras, por sua vez, não admitem graus de satisfação, ou uma regra é satisfeita ou é desatendida, além disso, em caso de colisão, uma delas é sempre declarada inválida e fica anulada no ordenamento, não sendo somente afastada no caso concreto como se dá no caso de colisão de princípios.

A construção de uma principiologia própria para o Direito Ambiental teve início na conferência da ONU, ocorrida em Estocolmo em 1972, ganhando força na conferência Rio 92 onde foram estabelecidas as bases que instituíram os seus princípios internacionais, a serem adaptados à realidade de cada país.

Entende-se, em coerência com o silogismo da unidade do meio ambiente — compreendidos todos seus aspectos —, que os princípios aplicáveis ao meio ambiente geral também têm incidência sobre o aspecto meio ambiente do trabalho. Os efeitos de tal incidência têm repercussões práticas das mais variadas, como a aplicação processual do princípio da inversão do ônus da prova; aplicação, em caso de dano infligido ao meio ambiente do trabalho, da teoria do risco integral, entre outras. Sendo assim, importa destacar princípios estruturantes do direito ambiental, indicando seus potenciais reflexos sobre o meio ambiente do trabalho.

1.6.1. Princípio do desenvolvimento sustentável

Durante a maior parte do século XX o meio ambiente foi encarado essencialmente como fonte de recursos destinados a impulsionar o desenvolvimento econômico. Entretanto, os danos ambientais decorrentes desse modelo de desenvolvimento, bem como os abismos sociais resultados do capitalismo, fizeram com que todo o sistema produtivo fosse repensado.

Surgiu então a noção do desenvolvimento sustentável como alternativa de equilíbrio entre os sistemas sociais e naturais. A primeira menção a este conceito foi feita pela Conferência da ONU de Estocolmo em 1972, onde foi inicialmente mencionada a preocupação de preservar recursos para **presentes e futuras** gerações.

Para Sachs (2004) todo o desenvolvimento precisa ser **includente** (com geração de empregos decentes), **ecologicamente sustentável, economicamente sustentado e socialmente justo e equitativo**. Assim, o desenvolvimento, considerado o aspecto trabalhista do meio ambiente, tem que considerar o bem-estar do trabalhador, sob pena de representar mero "inchaço econômico".

Ressalte-se que a noção de desenvolvimento sustentável corresponde a uma ideia de **limites**. Limite ou finitude de bens ambientais e limite imposto ao paradigma econômico antrópico radical. Nesse sentido, o desenvolvimento sustentável não é sinônimo de preservação ambiental, de **preservacionismo** ou de **intocabilidade**, vez que exige um progresso em várias frentes, demandando uma verdadeira alteração do paradigma econômico, com mudanças no modo de produção, padrões de consumo e afins, sem impedir o desenvolvimento econômico.

Historicamente, o conceito de desenvolvimento sustentável foi cunhado no âmbito da Comissão Mundial sobre o Meio Ambiente e Desenvolvimento das Nações Unidas, especificamente por meio do Relatório do **Nosso Futuro Comum** ou Relatório **Brundtland**, lançado em 1987, o qual estabeleceu que a noção de desenvolvimento sustentável corresponderia àquela **"que atende às necessidades do presente sem comprometer a possibilidade de as gerações futuras atenderem suas próprias necessidades"**[8]. A ideia de desenvolvimento sustentável, portanto, possui dois conceitos chave: "o conceito de 'necessidades', sobretudo as necessidades essenciais dos pobres do mundo, que devem receber a máxima prioridade; **a noção de limitações** que o estágio da tecnologia e da organização social impõe no meio ambiente, impedindo-o de atender as necessidades presentes e futuras"[9]. (grifou-se)

O propósito do princípio do desenvolvimento sustentável é, em síntese, conciliar as exigências de proteção ambiental e do desenvolvimento econômico. Este propósito estabelece um certo grau de relativismo ao antropocentrismo (radical), modificando as condições do desenvolvimento econômico. Segundo Solange Teles da Silva (2009):

> O princípio do desenvolvimento sustentável conduz, portanto, os Estados a adotarem uma visão holística, da interdependência da biosfera, das relações entre os seres humanos e destes com o meio ambiente, quer dizer, integrar as políticas de desenvolvimento e meio ambiente. Além disso, há a necessidade de promover a equidade intergeracional e intrageracional. (...) Enfim, o princípio do desenvolvimento sustentável conduz os Estados a adotarem políticas e medidas para prevenir os danos ambientais, como também aquelas que considerem a incerteza científica e estejam assim pautadas no princípio da precaução.

Comumente mencionado como princípio do equilíbrio, o desenvolvimento sustentável encontra fundamento no *caput* do art. 225 da Constituição Federal e busca um equilíbrio entre crescimento econômico e o meio ambiente, como garantia de manutenção de recursos ambientais para as presentes e futuras gerações.

O desenvolvimento sustentável, conforme leciona Derani (2013), visa obter um desenvolvimento harmônico da economia com a ecologia, onde o máximo econômico reflita igualmente um máximo ecológico, impondo limites à poluição, dentro dos quais a economia possa se desenvolver, proporcionando um aumento do bem-estar social.

Esse princípio orienta que os gestores de políticas públicas e normas ambientais meçam as consequências da adoção de medidas potencialmente degradantes do meio ambiente, de forma que sejam úteis à comunidade e não importem em danos excessivos ao ecossistema

---

(8) *Comissão Mundial sobre Meio Ambiente e Desenvolvimento*, 1991, p. 46.

(9) *Idem.*

e à sadia qualidade da vida humana. **E aqui temos o nó górdio em relação à incidência deste princípio sobre meio ambiente do trabalho: é juridicamente admissível a relativização do direito à sadia qualidade de vida no meio ambiente do trabalho como meio de permitir o exercício do direito ao desenvolvimento econômico?** Note-se que o bem ambiental imediato tutelado pelo meio ambiente do trabalho é o homem-trabalhador, recaindo sobre este, sobre a saúde deste, qualquer eventual dano ambiental trabalhista. O nó górdio apresentado só é desfeito quando cortado pela lâmina interpretativa da norma constitucional.

Ora, a própria Constituição Federal admite a relativização do direito à sadia qualidade de vida no meio ambiente do trabalho ao prever, no seu art. 7º, inc. XXIII, o pagamento de "adicional de remuneração para as atividades penosas, insalubres ou perigosas, na forma da lei;". A questão relevante passa a ser a seguinte: até que ponto deve ser considerada sustentável a relativização da saúde no meio ambiente do trabalho? A resposta para essa questão demanda a análise da dimensão de dois direitos igualmente fundamentais: o direito ao desenvolvimento (art. 170 da CF/88) e o direito ao meio ambiente do trabalhado saudável (art. 225 c/c 200, VIII, da CF/88).

A aplicação do princípio do desenvolvimento sustentável é uma constante na resolução da antinomia aparente entre normas constitucionais ligadas ao desenvolvimento e às normas garantidoras da higidez no ambiente de trabalho. Mostra-se necessário adequar a inclusão de novas tecnologias ao ambiente laboral de maneira que estas não prejudiquem o bem-estar físico e psicológico do trabalhador. É importante garantir que o desenvolvimento — tecnológico e econômico — venha fortalecer os sistemas produtivos sem prejudicar o ser humano que se insere no contexto laboral, com geração de trabalhos decentes e não nocivos à saúde (física e mental) dos trabalhadores. Esta também é uma diretriz constitucional preconizada no art. 7º, inc. XXII, da CF/88 ao estabelecer a **"redução dos riscos inerentes ao trabalho, por meio de normas de saúde, higiene e segurança;".**

Aqui uma questão deve ser posta: **Há limite para a relativização ou limitação dos direitos fundamentais?** Parece-nos afirmativa a resposta. O conteúdo essencial de um direito fundamental é este limite, como se verá, detalhadamente, em item específico.

Em termos pragmáticos, para fins do presente estudo, **entende-se como núcleo essencial do direito fundamental ao meio ambiente de trabalho equilibrado a proteção contra dano irreversível à saúde e à integridade física e psíquica do trabalhador**. Esclareça-se. Para garantir o exercício de outro direito fundamental (desenvolvimento, vida), por elementos inerentes à profissão ou ao trabalho, há a necessidade de labor em condições insalubres, penosas ou em horário noturno por longo período, entre outras. Nestes casos, o conforto e a saúde do trabalhador já estão sendo afetados — relativizados —, o que não implica, entretanto, necessariamente, em dano irreversível à saúde, tal qual quando ocorre em caso de doença profissional ou do trabalho. **Se estas forem caracterizadas, o limite da relativização terá sido ultrapassado. Estará afetado o núcleo essencial do direito ao meio ambiente do trabalho equilibrado, uma vez que o mesmo — em sua extensão mínima — deixou de ser exercido.**

Direito à Desconexão do Trabalho 29

Reitere-se, o eventual conflito aparente de normas entre o direito ao desenvolvimento e o direito à saúde do trabalhador deve ser ponderado para que não reste fulminado o mínimo que é a garantia da saúde e da integridade física do obreiro.

O conteúdo essencial do direito ao meio ambiente de trabalho hígido não pode ter seu exercício inviabilizado se confrontado com o direito ao desenvolvimento, porque o próprio núcleo daquele não é compatível com o dano irreversível à saúde do trabalhador.

Desta feita, o intérprete, ao versar sobre um caso concreto, ou o legislador ao estabelecer o regramento mínimo protetivo ao ambiente laboral frente aos avanços tecnológicos, precisa compatibilizar o desenvolvimento econômico com o ambiente laboral hígido, assegurando a saúde e a integridade física do trabalhador, que é o núcleo essencial do direito fundamental ao meio ambiente laboral sadio. **Estamos diante da aplicação do princípio do desenvolvimento sustentável.**

1.6.2. Princípio da precaução

Ainda que alguns autores entendam que não se trata de um princípio autônomo, mas apenas uma faceta do princípio da prevenção, adotaremos o posicionamento que se trata de princípios desvinculados, com conteúdos e alcances diversos.

A título de exemplo, Fiorillo[10] e Padilha (2002) não fazem distinção entre os princípios, utilizando a nomenclatura prevenção e precaução como sinônimas. Para Fiorillo (2009, p. 02), tal distinção é antes política que jurídica, tendo o princípio da precaução *status* jurídico incerto, fazendo parte, na verdade, do princípio da prevenção.

> [...] ainda que possível argumentar no plano infraconstitucional a existência de um chamado "princípio" da precaução, não deve ele ter base apenas na possibilidade teórica de risco de degradação ambiental; deve prevenir e evitar situação que se mostra efetivamente apta à causação desse dano.

Fiorillo (2009) destaca ainda que, tomando o princípio da precaução pelo padrão eurocentrista, tem-se grave afronta à Constituição pátria, como aos dispositivos que estabelecem os objetivos fundamentais da República Federativa do Brasil (art. 3º); que "ninguém será obrigado a fazer ou deixar de fazer alguma coisa senão em virtude de lei" (art. 5º, II), que "são inadmissíveis, no processo, as provas obtidas por meios ilícitos" (art. 5º, LVI); que "o Estado promoverá e incentivará o desenvolvimento científico, a pesquisa e a capacitação tecnológicas" (art. 218); e que "o mercado interno integra o patrimônio nacional e será incentivado de modo a viabilizar o desenvolvimento cultural e socioeconômico, o bem-estar da população e a autonomia tecnológica do País, nos termos de lei federal" (art. 219).

Apesar das críticas apresentadas, a análise pormenorizada do conteúdo material do princípio da precaução permite verificar a inexistência de afronta aos dispositivos constitucionais citados. No que tange a proteção ao desenvolvimento (arts. 3º, II; 218 e 219 da CF/88), o princípio não se constitui em um obstáculo, mas apenas requer uma nova forma de desenvolvimento, baseada na relatividade do conhecimento científico e na sustentabilidade.

---

(10) Prevenção ou precaução? Disponível em: <https://meioambientesantoamaro.wordpress.com/2010/07/14/prevencao-ou-precaucao/>. Acesso em: 26 jan. 18.

Como já apontado na obra de Princípios de Direito Ambiental do Trabalho (MELO e CAMARGO, 2013), o princípio da precaução está implicitamente abrangido nos objetivos da criação da Organização Internacional do Trabalho, bem como está previsto em diversas convenções, restando clara sua aplicabilidade ao ambiente laboral.

Seu foco é orientar a atuação do Estado no caso de incerteza científica quanto aos danos potenciais de um empreendimento ou ação. Entretanto, o percebido é que a falta de certeza sobre os danos sempre foi um argumento utilizado para retardar ou não aplicar ações de proteção ambiental.

Um dos fundamentos desse princípio é a preservação do meio ambiente para as futuras gerações que surge da ideia de equidade intergeracional, assim requer-se cautela das presentes gerações com escopo de garantir às gerações futuras justo acesso a recursos e oportunidades, assegurando acesso à herança ambiental.

Essa noção de equidade intergeracional também deveria se aplicar ao ambiente laboral, vez que as garantias legais relacionadas ao meio ambiente laboral adquiridas pelas gerações atuais também seriam direito das gerações futuras.

Entretanto, nos termos legislativos atuais, admite-se que as negociações coletivas flexibilizem e precarizem direitos trabalhistas, inclusive sobre o meio ambiente do trabalho, relativizando inclusive o direito das gerações futuras.

Vale ressaltar que, atualmente, até mesmo direitos tidos como irrenunciáveis por se tratar de questões relativas à vida, à saúde, à segurança, têm sua relativização apontada nos termos da Lei n. 13.467/2017, tornando regra a "negociação individual" e exceção a negociação coletiva.

A esse respeito, Salvador (2012) dispõe do caso específico da redução dos adicionais de insalubridade/periculosidade. No entender do autor, a negociação coletiva serve para melhorar as condições de vida, de salário e de trabalho, não podendo emprestar-se validade à pactuação coletiva que reduza direitos já assegurados.

Para grande parte da doutrina, o princípio da precaução exige ação antes mesmo que a possibilidade de danos ambientais seja cientificamente estabelecida, ou seja, na dúvida sobre o prejuízo de determinada ação ou empreendimento beneficia-se o meio ambiente.

Trata-se de exigência de cautela diante do desconhecido, é a possibilidade de gestão de risco, em face de ameaça de dano.

É o princípio mais controverso, sem dúvidas. Ocorre que as questões ambientais abrangem várias áreas de conhecimento que frequentemente não são capazes de precisar quais medidas são suficientes a evitar danos ao meio ambiente. Dada tal incerteza científica em 1992 durante a Conferência das Nações Unidas realizada no Rio, decidiu-se que, em matéria ambiental, deve-se adotar uma postura extremamente prudente, vez que o *status quo* ante dos bens ambientais dificilmente é restaurado, após a ocorrência do dano.

Assim, se há perigo de dano grave ou irreversível, a ausência de certeza absoluta não deve ser utilizada como escusa para postergar a adoção de medidas eficazes que impeçam a degradação ambiental.

A incerteza científica enquanto parte integrante das atividades ambientais, precisa que o direito se adeque e tenha mecanismos flexíveis para se adequarem às tecnologias e descobertas científicas.

O princípio da precaução não busca atrapalhar o desenvolvimento tecnológico, pelo contrário, ele exige o uso da melhor tecnologia, respeitando a viabilidade econômica de cada Estado, implica o dever de substituir atividades ou substâncias poluentes por outras menos agressivas ao meio ambiente.

Ainda, caso uma atividade venha a ser proibida ou restringida com base nesse princípio, a decisão precisa ser revista após certo período, vez que a incerteza científica no ínterim pode se tornar uma certeza.

O objetivo do princípio não é engessar o empreendimento, mas condicionar sua instalação ou continuidade à certeza científica sobre os danos ambientais e medidas que possam evitá-lo. É necessário que seja aplicado observando a razoabilidade, sempre prevalecendo, entretanto, sobre a livre-iniciativa.

Importa salientar que a dignidade da pessoa humana, enquanto princípio constitucional amplo, sobrepõe-se aos princípios setoriais (que pertencem a um único ramo do direito) como ocorre, por exemplo, com o princípio da precaução.

O princípio da precaução se materializa em normas que exigem a avaliação dos impactos ambientais dos diferentes empreendimentos capazes de causar lesão ao meio ambiente, ainda que apenas potenciais.

Na Constituição Brasileira ele está implícito no bojo do art. 225 que impõe à coletividade e ao Poder Público o dever de defender e preservar o meio ambiente para as presentes e futuras gerações. Determinando a necessidade de tomar medidas acautelatórias, mesmo diante da incerteza de dano, às atividades potencialmente causadoras de degradação e que comportem riscos.

O poder legislativo tem contemplado esse princípio exigindo em várias normas avaliação prévia dos impactos ambientais reais e potenciais dos empreendimentos. Não obstante, tal princípio jamais se sobrepõe ao princípio da legalidade, aplicando-se somente diante da inexistência de norma capaz de determinar a adequada avaliação dos impactos ambientais.

Alguns doutrinadores apontam que uma das consequências do princípio da precaução seria a inversão do ônus da prova como consequência do princípio da precaução, assim cabe ao poluidor provar que sua atividade não causará danos ambientais, provando que o risco não existirá.

No ambiente laboral há o *in dubio pro operario*, na dúvida sobre a possibilidade de ocorrer um dano ao trabalhador, deve-se optar por abster-se da ação em atenção à saúde, vida e segurança do trabalhador.

O art. 157 da CLT impõe às empresas diversos deveres decorrentes desse princípio, como o de cumprir normas de segurança e medicina do trabalho, instruir os empregados para evitar acidentes de trabalho.

Além disso, a Consolidação das Leis Trabalhistas atribui ao Ministério do Trabalho o dever de estabelecer normas sobre precauções de segurança sobre movimentação de materiais no ambiente laboral, o uso de equipamentos obrigatórios, as condições especiais para operar e fazer manutenção de equipamentos e afins.

As normas regulamentadoras em geral prelecionam medidas para evitar ou reduzir riscos no ambiente laboral, atendendo ao princípio da precaução, posto que avaliam não somente os riscos concretos, mas ainda os abstratos.

Entretanto, como muito bem asseveram Melo e Camargo (2013), teoricamente não seria necessária a criação de uma lei para se adotar o princípio da precaução, também não precisaria de uma NR que estabelecesse critérios procedimentais para verificação dos riscos hipotéticos, pois a precaução é um princípio estruturante do direito ambiental e, como tal, alcança o meio ambiente do trabalho.

No tocante à introdução de novas tecnologias aos ambientes laborais é visível a aplicação de tal princípio, posto que não existem estudos científicos que demonstrem a longo prazo os efeitos à saúde dos humanos a exposição prolongada a dispositivos como por exemplo *smartphones*, que são utilizados em muitas empresas como instrumento de trabalho.

Estaríamos diante então de danos potenciais à saúde do trabalhador que não tendo certeza absoluta de sua inocuidade, deveria ser retirado do ambiente laboral. E não estamos falando apenas dos danos psicológicos decorrentes de fenômenos como a telepressão e o monitoramento eletrônico, há indícios de danos físicos à saúde do ser humano potencialmente causados pelo uso de novas tecnologias, conforme evidenciado pelos trechos de reportagens transcritos a seguir:

> Especialistas dizem que são cada vez mais comuns os casos de "*text neck*" — "pescoço de texto" em tradução livre —, dores na cabeça ligadas a tensões na nuca e no pescoço causadas pelo tempo inclinado em uma posição indevida para visualizar a tela do celular.
>
> Esse problema pode se agravar e, em alguns casos, pode levar a uma condição conhecida como nevralgia occipital.
>
> É uma condição neurológica em que os nervos occipitais — que vão do topo da medula espinhal até o couro cabeludo — ficam inflamados ou lesionados. Ela pode ser confundida com dores de cabeça ou enxaqueca.
>
> "Cerca de 30% dos nossos pacientes que vemos têm nevralgia occipital", disse a osteopata Lola Phillips.
>
> Você tende a ter esse problema quando usa muito *tablets*, *laptops* ou *smartphones*. Você começa a sentir uma tensão na parte da frente do pescoço e uma fraqueza na parte de trás dele.[11]

Verifica-se na reportagem transcrita acima um problema neurológico potencialmente causado pela exposição prolongada a novas tecnologias. O que se verifica é que há uma série de danos físicos e psicológicos potencialmente causados pela inserção de novas tecnologias, assim, o uso de tais dispositivos tecnológicos precisa ser encarada à luz do princípio da

---

(11) Reportagem: Os problemas de saúde causados pelo uso de smartphone e como evitá-los. *BBC Brasil*. 23 jun. 2015. Disponível em: <http://www.bbc.com/portuguese/noticias/2015/06/150622_dores_smartpho-nes_rm>. Acesso em: 20 out. 2015, às 09:03 horas.

precaução, ou seja, tendo em vista a incerteza científica quanto a seu potencial ofensivo à saúde do trabalhador, o uso desses dispositivos deve ser retirado ou mitigado dos ambientes laborais, com escopo de resguardar o bem-estar físico e psicológico dos trabalhadores.

1.6.3. Princípio da prevenção

Objetiva evitar danos ao meio ambiente por atividades efetiva ou potencialmente causadoras de danos, por meio de medidas preventivas. No caso da prevenção, os riscos são conhecidos, cabendo ao poluidor e ao Poder Público adotar as medidas cabíveis.

Surgiu como princípio na Conferência das Nações Unidas sobre Meio Ambiente e Desenvolvimento de 1992, no Rio de Janeiro; ali ficaram estabelecidos diversos princípios, sendo acolhido expressamente no de número 15 da seguinte forma:

Princípio 15: De modo a proteger o meio-ambiente, o princípio da precaução deve ser amplamente observado pelos Estados, de acordo com suas capacidades. Quando houver ameaça de danos sérios ou irreversíveis, a ausência de absoluta certeza científica não deve ser utilizada como razão para postergar medidas eficazes e economicamente viáveis para prevenir a degradação ambiental.

Segundo Fiorillo (2007), tal princípio ainda é abarcado pela Constituição Federal no *caput* do seu art. 225, ao preceituar o dever do Poder Público e da coletividade de proteger e preservar o meio ambiente para as presentes e futuras gerações.

Foi percebido pelos Estados que em matéria ambiental, não adianta somente agir após a ocorrência do dano, posto que o *status quo ante* dificilmente pode ser restaurado em sua integralidade, por isso é necessária uma atuação prévia à efetiva ocorrência do dano.

Este princípio é viabilizado por meio de instrumentos como o Estudo de Impactos Ambientais e o Licenciamento Ambiental.

No tocante ao ambiente laboral o princípio assume fundamental importância no sentido de que qualquer dano causado a este ambiente é suportado diretamente pelo trabalhador. Por isso, é fundamental o acesso dos trabalhadores à informação ambiental; educação, é necessário ainda disponibilizar canais nos quais se escute os trabalhadores para executar medidas de diminuição de riscos do ambiente e para que se adotem medidas preventivas.

É dever dos empregadores manter o ambiente laboral hígido e dos trabalhadores cooperar, obedecendo às normas de segurança, desde que treinados e informados adequadamente.

Importante diferenciar o princípio da precaução do princípio da prevenção, que são próximos, mas não se confundem. A prevenção incide a impactos ambientais conhecidos e que se pode estabelecer o nexo causal suficiente para estabelecer os impactos futuros prováveis, neste caso, devem ser adotadas as medidas cabíveis com escopo de evitar os danos. No caso da precaução, exige-se prudência e cuidado diante da possibilidade de danos incertos, posto que os resultados da atividade deixam dúvidas quanto ao potencial lesivo ao ambiente.

Alguns autores entendem que a prevenção na verdade seria um conceito mais amplo que englobaria a precaução e a cautela. Entretanto, a maior parte da doutrina entende que na verdade prevenção e precaução são espécies do dever de cautela (de não causar danos ambientais).

Há ainda autores que diferenciam tais princípios com base na teoria dos riscos, sob essa perspectiva o princípio da precaução se operaria em razão do risco abstrato (hipotético) e o da prevenção no caso do risco concreto.

No caso da prevenção, trata-se de princípio plenamente aplicável à introdução de novas tecnologias ao ambiente laboral, existem questões importantes a serem tratadas, como a questão do brilho adequado da tela dos computadores de forma que não prejudique a visão dos trabalhadores, a questão de ergonomia e exercícios laborais com escopo de evitar danos à saúde física dos trabalhadores que passam o dia na frente do computador. A questão do uso de teclados e *mouses* ergonômicos com escopo de evitar lesões aos trabalhadores que utilizam as novas tecnologias nos ambientes laborais. Tratam-se de danos físicos conhecidos que devem ser retirados ou diminuídos pelos empregadores dos ambientes laborais com escopo de proteger a integridade física dos trabalhadores.

1.7. Tutela constitucional

A Constituição Federal de 1988 foi a primeira a tutelar, de forma expressa, o meio ambiente. Antes de sua promulgação, a temática ambiental só havia sido abordada por normas infraconstitucionais.

Milaré (2014) comenta:

> A Constituição do Império, de 1824, não fez qualquer referência à matéria, apenas cuidando da proibição de indústrias contrárias à saúde do cidadão (art. 179, n. 24). Sem embargo, a medida já traduzia certo avanço no contexto da época. O Texto Republicano de 1891 atribuía competência legislativa à União para legislar sobre as suas minas e terras (art. 34, n. 29). A Constituição de 1934 dispensou proteção às belezas naturais, ao patrimônio histórico, artístico e cultural (arts. 10, III, e 148); conferiu à União competência em matéria de riquezas do subsolo, mineração, águas, florestas, caça, pesca e sua exploração (art. 5º, XIX, *j*). A Carta de 1937 também se preocupou com a proteção dos monumentos históricos, artísticos e naturais, bem como das paisagens e locais especialmente dotados pela natureza (art. 134); incluiu entre as matérias de competência da União legislar sobre minas, águas, florestas, caça, pesca e sua exploração (art. 16, XIV); cuidou ainda da competência legislativa sobre subsolo, águas e florestas no art. 18, '*a*' e '*e*', onde igualmente tratou da proteção das plantas e rebanhos contra moléstias e agentes nocivos. A Constituição de 1967 insistiu na necessidade de proteção do patrimônio histórico, cultural e paisagístico (art. 172, parágrafo único); disse ser atribuição da União legislar sobre normas gerais de defesa da saúde, sobre jazidas, florestas, caça, pesca e águas (art. 8º, XVII, *h*). A Carta de 1969, emenda outorgada pela Junta Militar à Constituição de 1967, cuidou também da defesa do patrimônio histórico, cultural e paisagístico (art. 180, parágrafo único). No tocante à divisão de competência, manteve as disposições da Constituição emendada. Em seu art. 172, disse que 'a lei regulará, mediante prévio levantamento ecológico, o aproveitamento agrícola de terras sujeitas a intempéries e calamidades' e que o 'mau uso da terra impedirá o proprietário de receber incentivos e auxílio do Governo'. Cabe observar a introdução, aqui, do vocábulo ecológico em textos

legais. A partir da Constituição Federal de 1988 o meio ambiente passou a ser tido como um bem tutelado juridicamente.

Como já exposto alhures, a ideia de desenvolvimento equilibrado da vida em todas as suas formas, transmitida pelo art. 225 e incisos da Constituição Federal, realça a necessidade de interação do homem com o mundo natural, para que, num dado ecossistema, não se perca de vista que o ser humano ali radicado tem tanto direito à vida quanto a fauna e flora ali ocorrentes. Sucintamente, a necessária defesa do tamanduá-bandeira ou do mogno em determinada região do País deve ser gerenciada de modo a que haja igual preocupação com o homem ali vivente[12].

Neste diapasão, é possível concluir-se que o bem maior a ser tutelado é a vida saudável e, considerando esta premissa, assim como os aspectos do meio ambiente ressaltados na própria Carta Constitucional (natural, cultural, trabalho e artificial), podemos dizer, seguindo a classificação de Celso Fiorillo, que o meio ambiente, na Constituição de 1988, recebe uma tutela **mediata** e outra **imediata** (FIORILLO, 1997, p. 54).

Ante o exposto, podemos dizer que o meio ambiente do trabalho encontra **tutela mediata** no próprio art. 225, *caput*, da Constituição de 1988, quando estabelece que "o meio ambiente ecologicamente equilibrado é bem de uso comum do povo e essencial à sadia qualidade de vida". O meio ambiente, no referido dispositivo constitucional, é considerado em todos os seus aspectos, inclusive o do meio ambiente do trabalho.

Todavia, o legislador constituinte não parou por aí; o meio ambiente de trabalho também foi agraciado com **tutela imediata**, sendo inclusive previsto de forma **expressa**, como se infere do inciso VIII, art. 200, que trata da tutela da saúde (art. 196 da CF):

"Art. 200. Ao sistema único de saúde compete, além de outras atribuições, nos termos da lei: ...

VIII — colaborar com a proteção do meio ambiente, **nele compreendido o do trabalho**" (grifamos).

A tutela mediata do meio ambiente do trabalho também se verifica através **da previsão do direito à saúde**, apontada em vários momentos na Constituição Federal de 1988. O tema "saúde" encontra guarida nas disposições gerais da seguridade social, na medida em que esta "compreende um conjunto integrado de ações de iniciativa dos Poderes Públicos e da sociedade, destinadas a assegurar os direitos relativos à saúde, à previdência e à assistência social" (art. 194).

Preconiza a Carta Magna que a saúde "é direito de todos e dever do Estado, garantido mediante políticas sociais e econômicas" e tendo por objetivo assegurar a redução do risco de doença e de outros agravos (art.196). Sendo a saúde "direito de todos", consequentemente, também é direito do trabalhador.

---

(12) Grande avanço é demonstrado, na matéria ambiental, pela Constituição de 1988 em relação às suas predecessoras, uma vez que as Constituições de 1824, 1891, 1934, 1937, 1946, 1967 e Emenda Constitucional n. 1/69 (Constituição de 1969) não preconizaram, de maneira expressa, dispositivo de proteção ao meio ambiente. Ressalte-se, todavia, a existência de menções em alguns textos constitucionais sobre os bens ambientais, tal qual na Constituição de 1969 (parágrafo único do art. 180), que dispunha: "Ficam sob a proteção especial do poder público os documentos, as obras e os locais de valor histórico ou artístico, os monumentos e as paisagens naturais notáveis, bem como as jazidas arqueológicas".

São de relevância pública as ações e serviços de saúde, conforme estabelece o art. 197 da Constituição da República.

A Carta Magna elenca, ainda, diversos dispositivos que tratam ou interferem na compreensão constitucional do direito à saúde, notadamente os arts. 5º, 6º, 7º, 21, 22, 23, 24, 30,127, 129, 133, 134, 170, 182, 184, 216, 218, 220, 225, 227 e 230.

O exercício do direito à saúde, como se verá a seguir, é condição necessária para o exercício do direito ao meio ambiente do trabalho equilibrado. Sem a saúde do homem, a lesão ao meio ambiente — nele compreendido o do trabalho — estará caracterizada.

1.8. Meio ambiente do trabalho e o direito à saúde

A discussão sobre saúde sobrelevou-se na esfera internacional com a criação da Cruz Vermelha, projeto de Henri Dunant que, em 1859, ficou sensibilizado com a parca assistência aos feridos de guerra. A entidade atua, em tempos de paz, predominantemente nas áreas de saúde e profilaxia.

Após a criação da Cruz Vermelha, a saúde tornou-se objeto de diversas convenções internacionais, sendo um marco importante na criação da OMS — Organização Mundial da Saúde — em 1948, que dispõe no preâmbulo de sua Constituição[13]:

> A saúde é um estado de completo bem-estar físico, mental e social, e não consiste apenas na ausência de doença ou de enfermidade. Gozar do melhor estado de saúde que é possível atingir constitui um dos direitos fundamentais de todo o ser humano, sem distinção de raça, de religião, de credo político, de condição econômica ou social.

A saúde encontra-se prevista em inúmeros tratados e convenções internacionais, sendo tema obrigatório na maioria das Constituições de Estados democráticos. A saúde está indissociavelmente ligada, como núcleo essencial, à maioria dos direitos fundamentais, em especial o direito à vida, e vida digna.

O direito à saúde, no ordenamento jurídico brasileiro, é um direito social constitucionalmente garantido. É direito público, subjetivo, indisponível, assegurado a todos, considerado como integrante da segunda dimensão de direitos fundamentais. Foi inserido no ordenamento jurídico brasileiro com o advento da Constituição Federal de 1988, antes de tal previsão, o Estado oferecia atendimento de saúde aos trabalhadores celetistas e as suas famílias, sendo aos demais utilizadores o serviço prestado a título de favor. Com o art. 196, a saúde passou a ser direito de todos e dever do Estado, *in verbis*[14]:

> A saúde é direito de todos e dever do Estado, garantido mediante políticas sociais e econômicas que visem à redução do risco de doença e de outros agravos e ao acesso universal e igualitário às ações e serviços para a promoção, proteção e recuperação.

O direito à saúde não deve ser visto como mera carta de intenções do Estado. Trata-se de direito fundamental de aplicabilidade imediata. A criação do Sistema Único de Saúde representa o reconhecimento desta obrigação estatal.

---

(13) OMS, Organização Mundial da Saúde. *Constituição da Organização Mundial da Saúde (OMS/WHO) – 1946*. USP. Disponível em: <http://www.direitoshumanos.usp. br/index.php/OMS-Organização-Mundial-da-Saúde/constituicao-da-organizacao-mundial-da-saude-mswho.html>. Acesso em: 10 abr. 2016

(14) BRASIL. Constituição (1988). *Constituição da República Federativa do Brasil*. Organização de Alexandre de Moraes. São Paulo: Atlas, 2015.

Antes mesmo do advento da Constituição Federal de 1988, o direito à saúde já era previsto na Declaração Universal dos Direitos Humanos datada de 1948, em seu art. XXV, que dispôs que todo ser humano tem direito a um padrão de vida capaz de assegurar-lhe, e a sua família, saúde e bem-estar, inclusive alimentação, vestuário, habitação, cuidados médicos e os serviços sociais indispensáveis. **Em síntese, o exercício do direito à saúde está indissociavelmente ligado ao exercício do direito à vida.**

O primeiro conceito de saúde conhecido foi fornecido pelos pensadores da Grécia antiga que criaram o brocardo *"mens sana in corpore sano"* que significa uma mente sã em um corpo são. A saúde hoje não é entendida apenas com a ausência de doenças, mas ainda relaciona-se com o meio ambiente e a condição de vida do homem.

A OMS definiu saúde como **"completo bem-estar físico, mental e social e não somente a ausência de doenças ou agravos, bem como, reconhecida como um dos direitos fundamentais de todo ser humano, seja qual for sua condição social ou econômica e sua crença religiosa ou política"**[15].

A concepção de saúde se relaciona diretamente com promoção e qualidade de vida. Assim, dispõe Bolzan de Morais (1996):

> O conceito de saúde é, também, uma questão de o cidadão ter direito a uma vida saudável, levando à construção de uma qualidade de vida, que deve objetivar a democracia, igualdade, respeito ecológico e o desenvolvimento tecnológico, tudo isso procurando livrar o homem de seus males e proporcionando-lhe benefícios.

Por seu turno, Hoffman (2002) define saúde como um conjunto de preceitos higiênicos referentes aos cuidados em relação às funções orgânicas e à prevenção das doenças.

Em outras palavras, saúde significa "estado normal e funcionamento correto de todos os órgãos do corpo humano", sendo os medicamentos os responsáveis pelo restabelecimento das funções de um organismo eventualmente debilitado.

O autor esclarece, ainda, que esse direito se apresenta em duas facetas, uma se relaciona à preservação da saúde, que se traduz em políticas de redução de risco (genérica) e a outra enquanto direito individual de tratamento e recuperação de determinado cidadão (concreto, individualizado).

Importa salientar que vários autores[16] vinculam o conceito de saúde à sua promoção e à qualidade de vida.

A Constituição Federal Brasileira segue a linha conceitual da OMS ao considerar saúde como completo bem-estar-físico social e não apenas ausência de enfermidades.

1.8.1. A saúde como direito fundamental

Para que um direito seja reconhecido como fundamental, formalmente considerado, é preciso que conste da Carta Magna de um Estado e que esteja assegurado enquanto direito

---

(15) Disponível em: <http://www.direitoshumanos.usp.br/index.php/OMS-Organiza%C3%A7%C3%A3o-Mundial-da-Sa%C3%BAde/constituicao-da-organizacao-mundial-da-saude-omswho.html. Acesso em: 28 jan. 2018.

(16) Como, por exemplo, Hewerston Humenhuk. *O direito à saúde no Brasil e a teoria dos direitos fundamentais,* 2004. Disponível em: <https://jus.com.br/artigos/4839/o-direito-a-saude-no-brasil-e-a-teoria-dos-direitos--fundamentais>. Acesso em: 17. jun. 2015.

subjetivo, podendo ser individualizado de forma concreta. O direito à saúde preenche os requisitos mencionados.

Para Sarlet (2002) o direito à saúde é considerado como principal direito fundamental social diretamente relacionado ao princípio da dignidade da pessoa humana. Esse direito possui dimensões, no sentido (positivo) que o Estado se obriga a fornecer aos cidadãos uma prestação concreta, bem como tem o dever (dimensão negativa) de não prejudicar a saúde das pessoas. Tratando-se de direito fundamental, as normas que regulamentam o direito à saúde não podem retroceder.

É direito fundamental por sua previsão constitucional e ainda dada sua relevância para vida e dignidade humana. A saúde, enquanto direito, deve conter aspectos sociais e individuais. Enquanto direito individual prescinde liberdade dos cidadãos para escolher suas condições de vida, de trabalho; se doentes os recursos a que tenham acesso, bem como tratamento a que se submeterão. Implica ainda liberdade do profissional da saúde para indicar o tratamento mais adequado àqueles que o procurem.

Dessa foram, a liberdade necessária ao exercício do direito à saúde vai variar conforme o grau de desenvolvimento do Estado; somente quando o referido tiver atingido relativo grau (econômica, social e culturalmente) é que o cidadão poderá dispor plenamente de suas condições de saúde.

De outra parte, ao ponto que o direito à saúde pressupõe igualdade, são colocadas limitações à liberdade individual para que os cidadãos usufruam da vida em sociedade. Assim, por exemplo, para garantir a saúde de todos é necessário que o Estado não impeça o indivíduo de procurar o bem-estar tampouco pode induzi-lo a adoecer, por isso existem normas obrigando a vacinação, ao isolamento de determinadas doenças, notificação de outras, destruição de alimentos inadequados e controle do ambiente, como por exemplo, do ambiente laboral. O direito à saúde pressupõe, portanto observância aos valores da liberdade e igualdade, pressupondo equilíbrio entre os mesmos.

Importa mencionar que a saúde não se resume à ausência de doenças ou acesso a tratamentos e medicamentos, a saúde pressupõe, por exemplo, acesso a uma boa alimentação, em qualidade e quantidades suficientes, bem como condições de saneamento básico e normas de higiene.

Para que o Estado efetivamente ofereça tutela concreta à saúde dos indivíduos, seria necessário garantir condições de vida minimamente dignas (aí incluídas a alimentação em boa quantidade e qualidade, saneamento básico e higiene), de meio ambiente e ambiente laboral que não prejudiquem o indivíduo e estruturas públicas suficientes a manter e recuperar a saúde dos indivíduos.

O direito à saúde está previsto por meio de diversos artigos constitucionais, quais sejam: arts. 5º, 6º, 7º, 21, 22, 23, 24, 30, 127, 129, 133, 134, 170, 182, 184, 194, 195, 197, 198, 199, 200, 216, 218, 220, 225, 227 e 230.

O direito à saúde, como já mencionado, em nossa legislação, vem interconectado com vários outros direitos como direito à saneamento, à moradia, à educação, ao bem-estar social, direito da seguridade social, ao meio ambiente sadio, ao trabalho digno, à assistência social, direito de acesso aos serviços médicos e direito à saúde física e psíquica.

O fato é que a Constituição Federal de 1988 incluiu o direito à saúde no título dos direitos fundamentais de maneira explícita, tratando-se de cláusula pétrea, ou seja, limite real à reforma constitucional que veda o retrocesso social, trata-se ainda de direito de aplicabilidade imediata e eficácia plena.

Conforme asseveram Melo e Camargo (2013, p. 48) o conceito de saúde tem evoluído com o tempo, assim as medidas preventivas têm sido priorizadas em relação às curativas. O conceito de saúde, estabelecido no relatório da 8ª Conferência da Organização Mundial da Saúde (OMS) é "o resultado de diversas condições, como alimentação, habitação, educação, renda, meio ambiente, trabalho, emprego e etc". A OIT reafirma essa definição, ampliando a questão da saúde para condições gerais de vida e não somente a ausência de doenças.

A relação entre a saúde e o trabalho é feita desde a antiguidade, desde o período Romano existe a preocupação com os reflexos do trabalho na saúde de quem o executa. Como um dos resultados da 1ª Guerra mundial veio à criação da Organização Internacional do Trabalho e da 2ª Guerra mundial à criação da Organização das Nações Unidas, importantes marcos à atenção da saúde do trabalhador.

A OIT em diversas convenções tratou do tema, estabelecendo a necessidade de criação de políticas nacionais de saúde e meio ambiente do trabalho, e ainda sobre segurança e saúde dos trabalhadores. A OIT defende a tutela dos trabalhadores em face dos acidentes de trabalho e doenças profissionais.

O Direito à saúde é tratado na Constituição Federal de 1988 como direito fundamental, um direito de todos e dever do Estado, para atender a tal determinação constitucional foi criado o Sistema Único de Saúde, bem como cabe aos empregadores e tomadores de serviço a redução dos riscos nos ambientes laborais.

Desta forma, foi nascendo uma preocupação com os riscos do ambiente de trabalho que possam trazer à saúde dos trabalhadores. Os números crescentes no número de acidentes de trabalho, mortes e doenças ocupacionais tornaram a questão do ambiente de trabalho uma questão de Estado, que afeta diretamente o custeio da seguridade social e a qualidade de vida dos trabalhadores, assim, a tendência é crescente no sentido de criação de normas para ampliar a tutela do ambiente laboral, prevenindo e precavendo riscos.

Não se pode submeter um ser humano sadio a um ambiente de trabalho dotado de riscos e prejudicial a sua integridade física e psíquica; reiteramos que o trabalhador passa boa parte da sua vida no ambiente laboral, assim, para que o mesmo tenha qualidade de vida é preciso garanti-lo um ambiente hígido e sem riscos (ou no qual os riscos tenham sido reduzidos ou neutralizados).

O direito à saúde, bem como o direito ao meio ambiente equilibrado (compreendido o meio ambiente laboral) são direitos fundamentais que precisam ser garantidos pelo Estado, seja através de políticas diretas de fornecimento de medicina preventiva e curativa, bem como os respectivos tratamentos, seja por meio da fiscalização aos ambientes laborais, a edição de normas com escopo de prevenir acidentes de trabalho e doenças laborais, ou, ainda, da responsabilização do empregador que não tomou as providências cabíveis no sentido de fornecer a seus trabalhadores ambientes de trabalho seguros e sadios.

Tratando-se de parte integrante do meio ambiente geral, não se pode olvidar que o meio ambiente laboral precisa primordialmente de tutela preventiva, sendo necessária a edição de normas e fiscalização no sentido de evitar acidentes e doenças laborais, e não indenizá-los. A saúde do trabalhador, assim como no caso dos demais danos ambientais, dificilmente pode ser restaurada em sua integralidade, após a ocorrência do dano.

Resta ainda, claro, que nos casos em que a tutela preventiva não tenha sido suficiente e os danos perpetrados à saúde do trabalhador, é necessário que a sentença condenatória seja no sentido de ressarcir os danos sofridos, e ainda no sentido de educar os empregadores e tomadores de serviço que não tiveram a cautela suficiente a evitar a ocorrência de danos, de forma a educá-los a investir em ambientes laborais cada vez mais seguros.

II

Direito ao Desenvolvimento Econômico e os Avanços Tecnológicos

2.1. Direito Fundamental ao desenvolvimento econômico

O avanço tecnológico é inexorável. Sua velocidade, em especial, tem crescido em progressão geométrica. Quanto à possibilidade de acesso a conhecimento, o futuro chegou.

Segundo uma pesquisa de Arthur Andersen, o desenvolvimento do conhecimento humano está crescendo em uma velocidade impressionante: dobrando a cada três anos e, com perspectivas de, a partir de 2020, dobrar a cada 73 dias. A velocidade do desenvolvimento tecnológico, em comparativo com exemplos recentes, sem dúvida, aumentou. Note-se que para atingir 50 milhões de usuários: as telefônicas precisaram de 74 anos; as emissoras de rádio precisaram de 38 anos; a indústria de computadores pessoais precisou de 16 anos; as emissoras de televisão precisaram de 13 anos; e os provedores de acesso à Internet apenas de 4 anos.[17]

Além de constituir um fato, com reflexos os mais variados, importa registrar que o desenvolvimento é um direito constitucionalmente tutelado (preâmbulo; inc. II, art. 3º; art. 174 da CR). Mas, assim como qualquer outro direito fundamental, o mesmo não representa um direito absoluto. Seus contornos, considerando a discussão central da presente obra, demandam análise cuidadosa. **Em síntese, o direito ao desenvolvimento, aqui compreendido o tecnológico, tem que ser harmonizado com o exercício do direito à saúde, aqui considerado o meio ambiente de trabalho.**

O conceito de direitos fundamentais surgiu durante a Revolução Francesa (1789), quando nasceu a concepção que existiam direitos humanos que não poderiam ser tutelados apenas em âmbito interno, por meio das legislações nacionais.

Assim foi revista a visão de soberania absoluta dos Estados, que passaram a poder ser responsabilizados internacionalmente em caso de desrespeito a esses direitos tomados como superiores, objetos de proteção internacional, são direitos considerados universais.

No tocante ao desenvolvimento enquanto parte dos direitos fundamentais, a Declaração Universal dos Direitos do Homem (1948) consagrou que "toda pessoa, como membro da sociedade, tem direito à segurança social e à realização, pelo esforço e recursos de cada Estado, **dos direitos econômicos**, sociais e culturais indispensáveis à sua dignidade e ao livre desenvolvimento de sua personalidade" (grifou-se).

---

(17) Cenários do futuro. Leila Navarro. Em 23 ago. 2012. Disponível em: <http://www.dicasprofissionais.com.br/cenarios-do-futuro/>. Acesso em: 28 jan. 2018.

As profundas desigualdades sociais acirradas com o advento do capitalismo moderno, e, ainda, o abismo econômico entre países, trouxeram à tona a questão do desenvolvimento, que foi reconhecido pelas nações unidas como direito humano inalienável, por meio da declaração sobre o direito do desenvolvimento (1986) que dispõe: "A pessoa humana é o sujeito central do desenvolvimento e deve ser o participante ativo e o beneficiário do direito ao desenvolvimento".

Assim, a ONU reconheceu o direito ao desenvolvimento como direito humano fundamental e indisponível, tratando-se de direito de igualdade de oportunidade para coletividade de pessoas e nações.

Reconhecido como direito fundamental, o direito ao desenvolvimento passou a ter sua promoção e efetivação como responsabilidade do Estado. A Constituição Federal brasileira de 1988, inclusive, faz menção, ainda em seu preâmbulo, que o Estado democrático está compromissado com o desenvolvimento da sociedade. O desenvolvimento encontra-se também entre os objetivos constitucionalmente previstos.

Importa mencionar que a Constituição brasileira vigente é programática, enunciando diretrizes e fins a serem realizados pelo Estado e pela sociedade, assim, os princípios enunciados como objetivos norteiam toda interpretação do ordenamento jurídico vigente, devendo ainda ser efetivados pelo Estado.

Conforme Santos da Silva (2011), o modelo econômico traçado na Constituição Federal brasileira, a partir da análise do seu art. 170, relativiza direitos individuais até então absolutos, como propriedade e livre-iniciativa, em uma clara proposta normativa de infiltração no valor econômico da eficiência, à luz não apenas das regras econômicas, mas ainda de direitos metaindividuais como o direito ao meio ambiente sadio.

Segundo essa mesma autora, a iniciativa e a concorrência são livres, desde que o poder econômico não seja exercido de forma abusiva, considerando o respeito à dignidade da pessoa humana, através da valorização do trabalho, da defesa do consumidor e ainda da proteção ao meio ambiente.

Desta forma, nos termos de nossa Constituição Federal, o direito ao desenvolvimento econômico deve ser compatibilizado com a saúde do trabalhador e o ambiente laboral hígido.

Cristiane Derani (2001, p. 32-34) ressalta que o desenvolvimento econômico é garantia de melhor nível de vida quando coordenado com um equilíbrio na distribuição de renda e de qualidade de vida. A medida de renda *per capita* não é o mais apropriado indicador do desenvolvimento econômico compreendido pela ordem econômica constitucional. O grau de desenvolvimento é aferido, sobretudo, pelas condições materiais de que dispõe uma população para o seu bem-estar.

Nesta linha de raciocínio, o desenvolvimento está relacionado principalmente com a melhora de vida e liberdades às quais o cidadão tem acesso.

2.1.1. Aspectos fundamentais

Desde sua criação em 1945, a ONU expressa a importância da cooperação internacional econômica e social, com o escopo de "criar condições de estabilidade e bem-estar, necessárias às relações pacíficas e amistosas entre as Nações, baseadas no respeito ao princípio da igualdade de direitos e da autodeterminação dos povos, as Nações Unidas favorecerão: a) níveis mais altos de vida, trabalho efetivo e condições de progresso e **desenvolvimento econômico e social**; b) a solução dos problemas internacionais econômicos, sociais, sanitários e conexos; a cooperação internacional, de caráter cultural e educacional" (grifou-se).

O direito ao desenvolvimento ganhou destaque durante a década de 1960, tendo sido expressamente reconhecido na Declaração sobre o Desenvolvimento da ONU de 1986, como já observado alhures, e na Conferência de Viena sobre Direitos Humanos de 1993.

Segundo Batista e Ferraz Junior (2013), o conflito entre direitos econômicos, sociais e culturais de herança socialista e os direitos civis e políticos de herança liberal deu origem a um sistema internacional de polaridades definidas (guerra fria), nesse contexto, o terceiro mundo sentiu necessidade de estabelecer uma identidade cultural própria, introduzindo direitos de identidade cultural coletiva, como, por exemplo, o direito ao desenvolvimento.

O artigo XXII da Declaração Universal dos Direitos Humanos consagra que "toda pessoa, como membro da sociedade, tem direito à segurança social e à realização, pelo esforço nacional, pela cooperação internacional e de acordo com a organização e recursos de cada Estado, dos direitos econômicos, sociais e culturais indispensáveis à sua dignidade e ao livre desenvolvimento de sua personalidade". E o artigo XXVIII dispõe que "toda pessoa tem direito a uma ordem social e internacional em que os direitos e liberdades estabelecidos na presente Declaração possam ser plenamente realizados".

Na declaração das Nações Unidas sobre o Direito ao Desenvolvimento (1986), por sua vez, considerou-se a pessoa humana como centro do desenvolvimento, devendo ser participante ativo e beneficiário do mesmo, dispondo ainda que "o direito ao desenvolvimento é um direito humano inalienável em virtude do qual toda pessoa humana e todos os povos estão habilitados a participar do desenvolvimento econômico, social, cultural e político, a ele contribuir e dele desfrutar, no qual todos os direitos humanos e liberdades fundamentais possam ser plenamente realizados".

Importa mencionar que um dos principais obstáculos à promoção de direitos humanos e desenvolvimento de países é a ausência de ambiente democrático. Isso por que os nativos de regimes totalitários não usufruem de uma gama de direitos políticos, não podendo ser considerados cidadãos de fato, sendo a democracia elemento essencial para efetivação dos direitos humanos.

A democracia é um sistema de organização e representação política que proporciona um sistema governamental que respeita os direitos humanos de forma geral, permitindo aos nacionais que sejam cidadãos, dotados de garantias em face ao Estado. Isso se atribui ao fato que o povo escolhe o governante e tem poder para destituí-lo, justificadamente.

O direito ao desenvolvimento não está adstrito ao desenvolvimento econômico, se refere também ao bem-estar social. Pressupõe igualdade de oportunidades e a presença de liberdades clássicas e condições básicas de existência (como saúde, saneamento básico, educação, alimentação em quantidade e qualidade adequadas, por exemplo).

Desenvolvimento pressupõe modificações de ordem qualitativa e quantitativa que conduzam uma significativa mudança na estrutura social, pressupondo melhoria das condições de vida de toda população. Já o crescimento econômico é um dado meramente quantitativo, calculado por meio de aumento de indicadores de riqueza, como o PIB e a renda *per capita*, desconsiderando as estruturas produtivas e os reflexos sociais.

Assim, desenvolvimento e crescimento não são sinônimos, vez que o primeiro pressupõe mudanças estruturais profundas na sociedade e não mera evolução econômica. Dessa forma, nada adianta um país crescer economicamente se sua estrutura não está voltada para possibilitar um real desenvolvimento, sendo o processo puramente econômico, não havendo alteração na qualidade de vida de seus cidadãos.

O desenvolvimento pressupõe a quantidade de renda suficiente a atender as necessidades materiais básicas, mas envolve outros aspectos ligados à saúde, educação, meio ambiente, igualdade e liberdades políticas. As Nações Unidas trabalham com esse conceito e, por isso, criaram o índice de desenvolvimento humano (IDH) que leva em consideração indicadores como alfabetização e expectativa de vida ao nascer, além do clássico PIB *per capita*.

A expressão "direito ao desenvolvimento" é atribuída ao jurista senegalês Etiene Keba M'bae que a utilizou em 1972 na conferência inaugural do curso de direitos humanos do Instituto Internacional de Direitos do Homem de Estrasburgo, já reconhecendo esse direito na seara dos direitos humanos.

A declaração das Nações Unidas sobre o direito ao desenvolvimento (1986) prevê o direito ao desenvolvimento como um direito humano inalienável, em virtude do qual toda pessoa e todos os povos têm o direito de participar, de contribuir e de desfrutar de um desenvolvimento econômico, social, cultural e político no qual todos os direitos humanos e liberdades fundamentais possam ser plenamente realizados.

O direito ao desenvolvimento, conforme já mencionado, é objetivo e direito fundamental previsto pela República Federativa brasileira em sua Carta Magna. Ademais, diversos tratados internacionais cujo Brasil é signatário também possuem dispositivos relacionados a este direito, dentre os quais podemos citar: a Carta das Nações Unidas, a Carta de Constituição da Organização dos Estados Americanos, o Pacto Internacional Sobre Direitos Civis e Políticos, o Pacto Internacional Sobre Direitos Econômicos, Sociais e Culturais, a Convenção Sobre a Eliminação de Todas as Formas de Discriminação Racial, a Convenção Sobre a Eliminação de Todas as Formas de Discriminação Contra a Mulher, a Convenção Sobre os Direitos da Criança, a Convenção da UNESCO para a Salvaguarda do Patrimônio Cultural Imaterial, a Convenção da UNESCO sobre a Proteção e a Promoção da Diversidade das Expressões Culturais, a Convenção Americana sobre Direitos Humanos.

Além disso, a Constituição brasileira prevê que a ordem social garanta a satisfação das necessidades humanas básicas, que a ordem política consagre um sistema democrático e na ordem econômica foram previstos princípios que valorizam a justiça social e a busca do pleno emprego, todos elementos importantes ao alcance do desenvolvimento.

Não obstante todo arcabouço jurídico constitucional, o desenvolvimento substancial ou material não tem sido exemplo de eficácia social (da norma). A adoção de transparência na gestão pública e a atuação do judiciário, entretanto, têm sido importantes ferramentas na consecução do desenvolvimento substancial.

Importa ressaltar que na Constituição brasileira não há menção expressa a um direito fundamental ao desenvolvimento, como ocorre, por exemplo, na Constituição portuguesa (art. 7º, item 3), *in verbis:*

"Portugal reconhece o direito de todos os povos à autodeterminação e independência e ao desenvolvimento, bem como o direito à insurreição contra todas as formas de opressão."

A Constituição brasileira traz o direito ao desenvolvimento como um direito fundamental implícito, baseado no disposto no parágrafo 2º do art. 5º, e ainda decorrente do regime e princípios adotados no instrumento.

O preâmbulo da Constituição, conforme comentado anteriormente, consigna que o Estado Democrático criado pela Assembleia Nacional Constituinte tem como uma de suas finalidades assegurar o desenvolvimento como um dos valores supremos da nossa sociedade, e que o art. 3º inclui entre os objetivos fundamentais da república o de "garantir o desenvolvimento nacional".

Assim, garantir o desenvolvimento nacional é dever do Estado por meio de suas políticas públicas. Para Bercovici (2013), o desenvolvimento nacional deveria ser adotado como principal política pública com a qual as demais devam se harmonizar.

Levando em consideração que todos os objetivos listados no art. 3º da Constituição se vinculam a dignidade da pessoa humana, como, por exemplo, erradicação da pobreza e redução das desigualdades, à noção da Carta Magna de desenvolvimento se liga a noção de evolução qualitativa e quantitativa atrelada mais ao desenvolvimento humano do que ao ponto de vista puramente econômico.

Neste mesmo sentido, o art. 170 da Constituição brasileira dispõe que a ordem econômica tem como finalidade assegurar a todos uma existência digna, observando a justiça social e observadas a função social da sociedade, a defesa do meio ambiente, a redução das desigualdades (regionais e sociais) e a busca do pleno emprego.

A propriedade privada de meios de produção deve objetivar gerar riqueza, atendendo os princípios constitucionais (aí incluído o desenvolvimento) e a efetivação da dignidade. O desenvolvimento pressupõe transformação da realidade e consecução dos objetivos constitucionais.

Conforme já mencionado, alcançar o desenvolvimento nacional é também conseguir maior grau de desenvolvimento humano. Apesar do amplo arcabouço jurídico nacional e internacional acerca desse direito, é necessário que os esforços sejam ampliados e que haja vontade política dos governantes tendo em vista que assegurar o direito ao desenvolvimento exige uma série de investimentos volumosos principalmente para os países menos desenvolvidos.

A realidade é que a maior parte da população mundial ainda vive na miséria, com pouca ou nenhuma condição sanitária, sem acesso à educação básica, à alimentação em quantidade e qualidade suficientes ou mesmo água potável.

O desenvolvimento deve ser visto como um processo que altera toda a estrutura social, com o foco no ser humano, e cujo principal objetivo seja a realização desse ser humano nos aspectos físicos, intelectuais morais e culturais.

2.1.2. Desenvolvimento econômico e meio ambiente

No entender de Santos da Silva (2011), os princípios fundamentais do desenvolvimento econômico e da proteção ao meio ambiente devem coexistir de forma equilibrada e a conciliação de tais valores passou a ser uma necessidade moderna advinda da constatação de que, no que tange ao meio ambiente, os recursos naturais são limitados e que esta limitação constrói obstáculos ao próprio desenvolvimento econômico. Isso porque o capitalismo pressupõe necessidades ilimitadas, em contrapartida os recursos naturais são esgotáveis e, por isso, tutelados juridicamente.

Desta forma, Santos da Silva (2011) assevera:

> O desenvolvimento econômico concebido, tão simplesmente, pela viabilização do acúmulo de capital, do avanço tecnológico a qualquer custo e mediante a ilusória pretensão de que tais recursos tecnológicos impediriam que a humanidade, um dia, viesse a padecer em razão de um colapso dos recursos que a natureza é capaz de ofertar, cedeu espaço ao ideal do desenvolvimento sustentável.

Assim, ainda segundo esta autora, implementar o desenvolvimento sustentável é uma questão que supera o campo teórico, implicando a internalização de valores. A Constituição Federal prevê uma série de limites à iniciativa privada, condicionando o desenvolvimento ao respeito a valores ambientais, alcançando inclusive os ciclos econômicos, através do estabelecimento de custos para utilização de recursos naturais, de tributos ambientais, licenças negociáveis e caução ambiental. O desenvolvimento, portanto, deve considerar os limites impostos pelos valores essenciais de proteção do meio ambiente, nele compreendido o do trabalho.

2.2. Teoria dos limites dos direitos fundamentais

Direitos fundamentais são aqueles que assegurem que o ser humano seja quem é, nas suas prerrogativas de reconhecimento de sua dignidade, de sua definição como liberdade, possível no alicerce da igualdade, diante das quais tanto o Estado quanto terceiros encontram limites de atuação (SANTOS, 2010, p. 65).

Romita (2009, p. 36) assevera que os direitos fundamentais são direitos e com isso designa prerrogativas exigíveis por quem for lesado, esses direitos subjetivos dependem das circunstâncias históricas em dado lugar.

Objetivamente, o que em determinada geografia — e recorte temporal — é considerado fundamental pode não ser assim considerado em outro lugar ou época diversa. Como exemplo citam-se os direitos civis negados aos negros norte-americanos mesmo após a abolição da escravatura. Note-se que até a década de 1960 nos Estados Unidos da América a segregação racial era legal e entendida como constitucional.

Nas palavras de Zanon Junior (2004), criticando o conceito semântico proposto por Alexy, a norma de direito fundamental é o significado de um enunciado normativo que confere direitos fundamentais subjetivos ou disciplina o regime jurídico dos direitos fundamentais.

No conflito aparente de direitos fundamentais é necessário enfatizar que fundamental não quer dizer absoluto. Um direito fundamental não se sobrepõe a outro, pois não é absoluto, mas limitado para o seu exercício. A tutela de um encontra, em certo sentido, limite intransponível na tutela do outro concorrente (SANTOS, 2010, p. 69).

As normas de direito fundamental são de duas espécies, segundo Alexy (2015), princípios e regras. Os princípios são de um elevado grau de generalidade e as regras de baixo grau, ou seja, os princípios têm maior abstração na determinação dos efeitos jurídicos das normas do que as regras, ademais, as regras não podem ser sopesadas, ou são válidas, devendo ser aplicadas no caso concreto, ou são inválidas e devem ser retiradas do ordenamento jurídico. Os princípios, por sua vez, prescrevem a concretização de algo nos limites das possibilidades fáticas e jurídicas existentes no caso concreto, enquanto mandados de otimização.

Assim, o conflito de regras é resolvido no âmbito da validade e a colisão de princípios pela ponderação dos interesses envolvidos. No conflito de princípios, quando dois ou mais tipos normativos válidos incidirem no mesmo caso, porém incompatíveis, aplica-se a dimensão de peso. O intérprete deverá ponderar a prevalência de um princípio sobre o outro em determinado caso concreto, sem significar a invalidade do princípio sucumbente (SANTOS, 2010, p. 71).

Importa mencionar que, para Alexy (2015, p. 112), as restrições a direitos fundamentais devem ser compatíveis com a máxima da proporcionalidade decomposta em três facetas: adequação ou conformidade, necessidade e ponderação ou proporcionalidade em sentido estrito.

O meio ambiente do trabalho está inserido no ambiente geral (art. 200, inciso VIII, da Constituição Federal), de modo que não há como se falar em qualidade de vida se não houver qualidade de trabalho, nem se pode atingir o meio ambiente equilibrado e sustentável, ignorando-se o aspecto do meio ambiente do trabalho.

A essencialidade da proteção ao meio ambiente de trabalho, como etapa importante para o equilíbrio do meio ambiente geral, justifica-se porque, normalmente, o homem passa a maior parte de sua vida útil no trabalho, exatamente no período da plenitude de suas condições físicas e mentais, razão pela qual o trabalho, habitualmente, determina o estilo de vida, interfere no humor do trabalhador, bem como no de sua família.

A exigência da dignificação das condições de trabalho, consignada na Constituição de 1988, inverte uma ordem de prioridade histórica, colocando o homem como valor primeiro a ser preservado, em função da qual trabalham os meios de produção. Esta dignidade prevista no art. 1º, inciso III, da Constituição Federal, tendo como enfoque o ser humano--trabalhador, é essencial, assim como as condições de trabalho saudáveis, para alcançar-se o equilíbrio no meio ambiente de trabalho. Note-se, ainda, que o próprio art. 170 da Constituição, que trata sobre a ordem econômica, deixa clara a prevalência do homem sobre os meios de produção, na medida em que preconiza "a valorização do trabalho humano".

Destarte, **o direito ao meio ambiente do trabalho equilibrado, sob todos os prismas analisados** — como aspecto do meio ambiente geral ou como elemento essencial à vida, com qualidade e dignidade, do obreiro —, **é um direito fundamental do trabalhador**.

Não há que se confundir, contudo, no que concerne ao meio ambiente do trabalho, o conceito de **direito fundamental** com o de **direito absoluto**. Neste particular, abstraída a questão, já pacificada na melhor doutrina quanto à inexistência de direito absoluto, caso assim fosse reconhecido o exercício do direito ao meio ambiente de trabalho hígido — como absoluto —, estaria o trabalhador exonerado legitimamente da prestação de serviços em toda e qualquer atividade que oferecesse risco, por menor que fosse, à sua saúde ou incolumidade física. Desapareceriam, assim, serviços e profissões essenciais à coletividade, tais como: eletricitários; petroleiros; bombeiros; médicos; apenas para citar alguns.

Em suma, todo trabalhador tem o direito a prestar seus serviços em condições de higiene e segurança que não venham a comprometer sua saúde. Todavia, o exercício deste direito deve ser analisado, sistematicamente, com outros princípios e direitos contidos na Constituição Federal, reguladores das necessidades da vida em sociedade, justamente para que não haja supressão destes em nome da proteção daquele.

2.3. A garantia do conteúdo essencial dos direitos fundamentais

Concluímos até o presente momento que: 1- o direito ao meio ambiente de trabalho equilibrado, essencial à sadia qualidade de vida, é materialmente fundamental; 2- apesar de fundamental, o direito ao meio ambiente de trabalho equilibrado deve ser relativizado quando conflitar ou tornar inoperantes outros direitos igualmente fundamentais.

Todavia, estas constatações nos levam a uma indagação lógica: Há limite para esta relativização ou limitação dos direitos fundamentais? Parece-nos afirmativa a resposta.

Como já observou-se na obra "Meio ambiente do trabalho: direito fundamental" (2001), o conteúdo essencial dos direitos fundamentais assinala uma fronteira que o legislador não pode ultrapassar, delimitando um terreno que a lei a qual pretende limitar-regular um direito não pode invadir, sem incorrer em inconstitucionalidade.

O núcleo essencial constituiria um conteúdo mínimo de um direito insuscetível de ser violado, sob pena de aniquilar-se o próprio direito. Destaque-se que o legislador de forma alguma pode ultrapassar o limite do conteúdo essencial mesmo que justificado pela proteção de outro bem constitucional.

Desta forma, resta claro que o direito fundamental ao ambiente de trabalho hígido pode ser relativizado caso entre em conflito com outros direitos fundamentais, desde que ressalvado seu núcleo essencial.

As normas que veiculam o direito fundamental ao meio ambiente saudável com prestações impõem ao legislador um dever claro de dar expressão a essa proteção, se apresentando ao mesmo tempo como direito subjetivo que o trabalhador pode pleitear em defesa contra atos lesivos ao ambiente laboral e um elemento de ordem objetiva (ALEXY, 2015, p. 186).

Para Santos (2010, p. 89), o trabalhador tem direito ao meio ambiente do trabalho saudável ante o Estado, em sentido de direito à proteção, devendo o mesmo normalizar condutas e atividades lesivas como infrações impondo as respectivas sanções. Importa destacar que os trabalhadores, de todos os tipos, têm direito ao ambiente de trabalho equilibrado, não somente diante do Estado, mas ainda perante tomadores de serviço e empregadores.

Para Santos (2010), isso obriga o Estado a normalizar e promover o direito fundamental ao ambiente laboral saudável, ainda que limite os poderes, os interesses e o direito de propriedade dos tomadores de serviço e empregadores. A intervenção estatal é necessária e obrigatória, não havendo espaço para discricionariedade, com base no núcleo essencial do direito fundamental ao ambiente de trabalho seguro.

Importa destacar que existem diferentes teorias acerca do conteúdo essencial dos direitos fundamentais. Em síntese, a teoria relativa estabelece que o núcleo essencial não versa sobre matéria fixa e preestabelecida, não configurando elemento estável, sendo configurado caso a caso, tendo em vista a finalidade perseguida na norma restritiva. A outra teoria, a absoluta, propõe que há um núcleo duro no direito fundamental, uma esfera permanente, esse núcleo duro não pode ser afetado nem violado, ainda que se mostre proporcional.

O núcleo do direito ao meio ambiente de trabalho equilibrado, conforme Santos (2010), é a não danosidade irreversível à saúde e à integridade física e psíquica do trabalhador, o que só é possível assegurando-lhe o trabalho decente das normas de proteção à saúde e segurança do trabalhador.

Para Santos (2010), o eventual conflito aparente de normas entre o direito ao desenvolvimento e o direito à saúde do trabalhador deve ser ponderado para que não reste fulminado o mínimo que é a garantia da saúde e da integridade física do obreiro.

O conteúdo essencial do direito ao meio ambiente de trabalho hígido não pode ser suprimido se confrontado com o direito ao desenvolvimento, porque o próprio núcleo deste não é compatível com a danosidade efetiva à saúde e segurança do trabalhador.

Desta feita, o intérprete, ao versar sobre um caso concreto, ou o legislador ao estabelecer o regramento mínimo protetivo ao ambiente laboral frente aos avanços tecnológicos precisa compatibilizar o desenvolvimento econômico com o ambiente laboral hígido, assegurando a saúde e a integridade física do trabalhador, que é o núcleo essencial do direito fundamental ao meio ambiente laboral sadio.

A não observância a esse núcleo seria atentatória ao próprio direito ao desenvolvimento, que, para assim ser considerado, precisa ser socialmente includente, gerando empregos decentes que possibilitem ao trabalhador dignidade.

Parece interessante, mais que deixar a solução desse conflito na mão do judiciário, devendo compatibilizar os direitos fundamentais em colisão caso a caso, estabelecer um regramento mínimo, que assegure condições básicas para utilização das novas tecnologias no ambiente laboral. Isso se daria através de:

• Normas que estabeleçam limites à fiscalização do empregador dos meios telemáticos utilizados pelos trabalhadores, assegurando a privacidade dos hipossuficientes, estabelecendo inclusive limites ao monitoramento telefônico e audiovisual, a exemplo do que já ocorre em países europeus, como a França, por exemplo;

• Regulamento mínimo aos teletrabalhadores, não apenas equiparando-os aos trabalhadores convencionais, mas trazendo critérios específicos a este tipo de trabalho, como requisitos para o estabelecimento do vínculo empregatício, deveres dos empregadores quanto a fiscalização dos ambientes onde são exercidas as atividades, deveres dos trabalhadores quanto a observância de normas de segurança, fixação máxima de jornada e de monitoramento eletrônico das atividades, vedação de contato ou cobrança desses trabalhadores em horário noturno, aos domingos e feriados;

• Normas que vedem ou estabeleçam limites do contato entre empregadores e trabalhadores por meios telemáticos fora dos horários e dias de trabalho, com escopo de proteger os trabalhadores da telepressão e assegurar seu bem-estar físico e psicológico sem prejudicar sua produtividade.

As sugestões têm o escopo de estabelecer uma evolução normativa no sentido de tutelar direitos fundamentais já assegurados por normas constitucionais, que atualmente, se encontram sob ameaça pelo advento das novas tecnologias, conciliando dois direitos fundamentais aparentemente em conflito.

O fato é que não se objetiva retirar dos empregadores ou tomadores de serviço seu poder diretivo, ou tampouco seu direito de introduzir novas tecnologias no ambiente laboral com escopo de aumentar sua produtividade e competitividade, mas busca-se estabelecer limites a seu exercício de forma que não prejudique o bem-estar dos trabalhadores, resguardando-os em sua integridade física e psíquica.

2.4. Avanços tecnológicos

Almir Pazzianotto decretou que "no próximo século, uma das questões mais complexas resultará da existência de super população mundial, angustiada pela escassez de espaços e de reduzidas oportunidades de trabalho"[18].

Aqui jaz uma questão de extrema relevância: os avanços tecnológicos contribuirão para eliminação de postos de trabalho?

Segundo relatório do Fórum Econômico Mundial (WEF), publicado em DAVOS em 2016, o processo de desenvolvimento da **robótica**, da **inteligência artificial** e da **biotecnologia** deve **eliminar 7,1 milhões** de empregos durante os próximos cinco anos, nas maiores economias mundiais. O relatório "O Futuro dos Empregos" conclui ainda que, apesar de o impacto das perdas variar consideravelmente em cada área, postos de trabalho serão perdidos em todos os setores da indústria — principalmente na saúde, devido ao aumento da telemedicina, e nos setores de energia e serviços financeiros[19].

O próprio relatório da WEF, entretanto, ressalta que haverá uma crescente demanda de profissionais qualificados, como analistas de dados e especialistas em representantes de vendas. O número de novos empregos será sempre inferior ao número de postos de trabalho extintos, segundo o estudo. Sobre este tema, observa Souto Maior (2003):

> A tecnologia fornece à sociedade meios mais confortáveis de viver, e elimina, em certos aspectos, a penosidade do trabalho, mas, fora de padrões responsáveis, pode provocar desajustes na ordem social, cuja correção requer uma tomada de posição a respeito de qual bem deve ser sacrificado, trazendo-se ao problema, a responsabilidade social. Claro que a tecnologia, a despeito de diminuir a penosidade do trabalho, pode acabar reduzindo postos de trabalho e até eliminando

---

(18) Prefácio da obra de AGUIAR, Antonio Carlos. *Direito do trabalho 2.0*: digital e disruptivo. São Paulo: LTr, 2018.

(19) Disponível em: <https://oglobo.globo.com/economia/tecnologia-pode-acabar-com-5-milhoes-de-empregos--no-mundo-ate-2020-18498564>. Acesso em: 18 jan. 2018

alguns tipos de serviços manuais, mas isto não será, para a sociedade, um mal se o efeito benéfico que a automação possa trazer para a produção, para os consumidores e para a economia, possa refletir também no acréscimo da rede de proteção social (seguro-desemprego e benefícios previdenciários). Recorde-se, ademais, que a própria tecnologia pode gerar novas exigências em termos de trabalho e neste sentido a proteção social adequada consiste em fornecer à mão de obra possibilidades em termos de "inovação", "deslocamento", "reabsorção", e de "requalificação profissional".

Com relação ao foco de preocupações atinente aos avanços tecnológicos, alerta Almir Pazzianotto[20]:

> Temos nos preocupado mais com a legislação do que com o mercado de trabalho. A Constituição de 1988 lança inócua advertência no art. 7º, onde estão relacionados os direitos fundamentais dos trabalhadores urbanos e rurais, 'além de outros que visem a melhoria de sua condição social'. Prescreve, com finalidade programática, o inciso XXVII, a 'proteção em face da automação, na forma da lei'. Decorridos 29 anos a classe trabalhadora permanece à espera de legislação que não virá. A melhor proteção aos trabalhadores depende da existência de economia robusta, em permanente crescimento, como ensina a crise que se arrasta há quase quatro anos, com a geração de 13 milhões de desempregados. O mundo desenvolvido encontra-se na terceira revolução industrial, marcada, pela intensa informatização e robotização do processo produtivo. O Brasil permanece na segunda. Na Coreia do Sul há 531 robôs para cada grupo de 10 mil trabalhadores na indústria. No Brasil, segundo avaliação de empresários do setor de automação, apenas 10.

Como se sabe, nas últimas décadas houve uma revolução social causada pelo avanço tecnológico, com a inserção de meios de comunicação de última geração (internet, televisão, satélites, computadores, telefones celulares) que alteraram a forma de agir e pensar dos cidadãos, modificaram os padrões de consumo e ainda influenciam de maneira inegável o ambiente político e econômico.

Vivemos na chamada sociedade da informação, na qual as notícias são transmitidas em tempo real e influenciam diretamente o comportamento dos humanos, alterando ainda sua forma de viver e trabalhar.

Essas mudanças trouxeram novos modelos de negócios e novas ferramentas que permitiram a otimização de recursos, maximização da produtividade e expansão de fronteiras para estabelecimento de novos negócios.

Destaque especial para os *smartphones*, como observado por Antonio Carlos Aguiar (2018):

> Aliás, no que diz respeito aos *smartphones*, não há dúvidas de que eles são verdadeiros transformadores culturais do século XXI. Mais do que simples aparelhos de comunicação (veja-se que a função telefone é a que menos tem importância atualmente) eles 'transformam as vontades' das pessoas; mudam os modelos de

---

(20) Prefácio da obra de AGUIAR, Antonio Carlos. *Direito do trabalho 2.0*: digital e disruptivo. São Paulo: LTr, 2018.

comunicação e a própria maneira comportamental de envolvimento entre elas (quem não presenciou uma mesa em que cada qual com o seu celular interage com terceiros, e não com aqueles que estão ao seu lado — a não ser que os integrantes façam parte do mesmo grupo de *WhatsApp*; ou, ainda, que queiram 'falar' reservadamente entre eles, apenas); dão luz à expressão de ideias e opiniões (o acesso às redes sociais não deixa dúvidas quanto a isso); criam um espaço de exposição midiática de imagem (a indústria dos chamados *selfies*, que instantaneamente registram situações, pessoas e lugares, são mais do que bons exemplos: uma realidade); dão transparência às mais diversas situações, por meio de gravações de vídeo e áudio: de tudo e de todos, que se prestam (ou não; isso pouco importa) a pôr à mostra fatos, gente e condições que outrora eram preservadas (escondidas mesmo) pelas sombras que as protegiam. Por isso mesmo, o nível de tolerância a abusos diminuiu muito. As medidas explicativas, protetivas e punitivas também.

Feitos estes registros, imperioso observar que mesmo considerados os eventuais impactos dos avanços tecnológicos no número dos postos de trabalho, estes não podem legitimar qualquer retrocesso social no direito à saúde dos trabalhadores. A sadia qualidade de vida no meio ambiente do trabalho continuará sendo objeto maior do Direito Ambiental do Trabalho.

2.4.1. Desenvolvimento e o comportamento humano

Técnica e tecnologia sempre foram inerentes à vida em sociedade. Historicamente, a tecnologia apresenta-se como o conhecimento que deriva das técnicas usadas pelos humanos para sobreviver diante da natureza, sua maneira de dominá-la.

Técnica é o conjunto de regras apropriadas a dirigir uma atividade[21].

Tecnologia, por sua vez, é definida como ciência cujo objeto é a aplicação do conhecimento técnico e científico para fins industriais e comerciais ou conjunto dos termos técnicos de uma arte ou de uma ciência[22].

Técnica e tecnologia se relacionam com produção artificial, envolvem regras e planos em busca de um produto mais eficiente e econômico (seja ele material ou serviço). A tecnologia é o estudo científico do artificial, envolve-se com a diminuição de esforço e solução de problemas.

Segundo Martins (2005), a tecnologia pode ser entendida como máquinas, técnica, ferramenta ou processo, compreendendo conhecimento construído para utilização de produtos e organizar as relações humanas.

As novas tecnologias de informação e comunicação propiciaram o surgimento de um mundo novo, com possibilidades nunca antes imaginadas (SAKO, 2014). As novas tecnologias repercutem e moldam o comportamento humano, de maneira, na maioria das vezes, imprevisível.

Sobre o tema, ressalta Aguiar (2018, p. 20):

Há no livro 'Ah, Se Eu Soubesse... O que as pessoas bem-sucedidas gostariam de ter sabido 25 anos atrás', um texto-depoimento de John Uppgreen, CIO (*Chief*

---

(21) FERREIRA, Aurélio Buarque de Holanda. O Dicionário da língua portuguesa. 8. ed. Curitiba: Positivo, 2010.

(22) *Idem.*

Information Officer), do *Gage Marketing Group*, muito ilustrativo no que diz respeito à velocidade das mudanças culturais e sociais, motivadas pelo avanço do Mundo Digital. Diz ele:

'Vinte e cinco anos atrás, eu estava ocupado aprendendo a programar um sistema de computador que não tinha memória e nem habilidade para arquivar programas. De fato, ele tinha menos capacidade que um relógio de pulso de cinco dólares. Hoje (obs.: isso ele estava falando nos 'longínquos' anos 1995), aquela tecnologia está transformando o mundo dos negócios e das relações sociais. Olhando para frente, as ferramentas para a grandeza vão continuar a ser conhecidas através da arte e das letras. Sem a habilidade da razão, nenhuma tecnologia pode ajudar. Mas habilidade com o computador e fluência *on-line* serão, no século 21, o equivalente a noções básicas de leitura hoje. Sem conhecimento total do trabalho, você será uma casualidade perdida na era da informação.

Segundo Casanovas (2003, p. 4-20), a captação, transmissão e distribuição de informações pela *internet*, a partir de qualquer lugar, em tempo real, deram origem a inéditas formas de organização social. A *internet* interliga a comunicação em todo o mundo e permite a circulação instantânea de texto, imagens e sons. Dissemina informações e conhecimentos, influencia o agir, acelera o desenvolvimento científico, tecnológico e o progresso da humanidade.

Segundo esse autor, a explosão da tecnologia conduziu a uma convergência entre a computação e as telecomunicações, integrando o funcionamento interno e externo das empresas, reduzindo custos de transação e distribuição, propiciando maior flexibilidade e eficácia nas relações com os provedores e consumidores, instigando o usuário ao consumo.

Conforme Martinez (2015), a cultura da *internet*, por meio das redes sociais, molda o comportamento humano com base na comunicação. As pessoas podem possuir seu próprio espaço na *web* para publicar seus textos, por meio dos *blogs* e perfis nas redes sociais.

A propagação de informações abertas acessíveis por qualquer um, a partir de qualquer lugar, em velocidade nunca antes vista, continua mudando o comportamento das pessoas, das empresas, dos sindicatos, dos governos, de grupos e subgrupos sociais. A nova sociedade é marcada pela produção, transmissão e gestão da informação e do conhecimento. As novas tecnologias estão revolucionando as estruturas sociais.

Segundo Toffler (2003), emerge um mundo novo com novos valores e tecnologias, relações geopolíticas, estilos de vida e modos de comunicação diferentes com novas ideias e analogias. O meio social é atingido pelo trabalho em tempo e modos flexíveis.

Para Castellis (2004), nessa nova era, o Estado deixa de ser o principal agente regulador das relações sociais, sendo substituído por novos tipos de organização que procuram adaptar e coordenar o sistema operacional a fim de torná-lo mais dinâmico e lucrativo. Empresas como os portais e fornecedores de conteúdo adotam o comércio *on-line* e centralizam suas ações na habilidade de organização, gestão, produção e distribuição pela *internet*.

Conforme Casanovas (2003), a organização centralizada, hierarquizada e fundamentada na divisão funcional do trabalho é substituída por uma estrutura descentralizada com base em projetos por resultados. A abertura de novos canais de comunicação estreita a relação entre as unidades produtivas, favorecendo o trabalho a distância, em especial o teletrabalho. A produção desloca duas variáveis tradicionais de organização do trabalho: lugar e tempo. Para produzir, a empresa precisa apenas de um computador, podendo instalar-se e produzir, a partir de qualquer lugar, a qualquer tempo.

A influência negativa dos novos meios tecnológicos e de comunicação no ambiente laboral e, portanto, na saúde dos trabalhadores é um dos aspectos que precisa ser considerado e estudado, conforme abordaremos de maneira mais aprofundada no próximo capítulo.

Por todo o exposto, resta patente que a introdução de novas tecnologias no meio ambiente laboral acabou por gerar um conflito aparente entre dois direitos fundamentais, o direito ao desenvolvimento, garantido a todos os empreendedores que possuem a prerrogativa de utilizar as novas tecnologias no contexto da produção com escopo de melhorar resultados, diminuir custos e exercer seu poder diretivo e de fiscalização, contrapondo-se ao direito fundamental do empregado ao meio ambiente laboral sadio.

Tratam-se de relações de trabalho profundamente afetadas pela telemática e, portanto, que precisam de guarida mediante um regramento jurídico protetivo ainda que mínimo que concilie esses dois direitos fundamentais em conflito aparente.

É preciso que o ordenamento jurídico evolua o estudo e análise das novas situações jurídicas causadas pela introdução das novas tecnologias no ambiente laboral de forma a compatibilizar a coexistência de tais direitos fundamentais mencionados.

O avanço tecnológico é uma realidade que não pode nem deve retroagir, entretanto, inegável se faz conciliá-lo com condições de trabalho que não prejudiquem o bem-estar físico e mental dos trabalhadores.

III

O Direito à Desconexão

3.1. Conectividade e jogo de espelhos

Jogo de espelhos. É um jogo com crescimento avassalador decorrente da conectividade — na *web* mundial — atualmente vivenciada por todos os que habitam em grandes centros urbanos. As pessoas têm duas ou mais imagens de suas vidas: uma real e, potencialmente, várias outras no virtual. É a versão moderna do truque de circo "monga". Neste monta-se uma caixa preta em forma de L com um espelho no meio. Com uma luz em cada lado. Num lado fica a mulher e no outro fica o macaco (pessoa fantasiada e, portanto, irreal). Quando se apaga a luz da mulher, deixa-se acesa a do macaco, aparecendo no espelho o reflexo só do macaco e vice-versa.

A preferência pela vida virtual é evidenciada na pesquisa "*2015 Brazil Digital Future in Focus*"[23]. Segundo os dados coletados, os brasileiros gastam, em média, 650 horas por mês em redes sociais. E qual é a imagem refletida nas redes sociais? nesta verdadeira "vida virtual"? Ora, a que melhor convier ao usuário.

Nesse sentido, o psicanalista, doutor em Psicologia Social e consultor de treinamento e desenvolvimento organizacional, Antônio Carlos de Barros Júnior escreveu sua tese de doutorado, defendida no Instituto de Psicologia da USP, "Quem vê perfil não vê coração: a ferida narcísica de desempregados e a construção de imagens de si no *Facebook* e no *LinkedIn*"[24]. No trabalho, o pesquisador afirma que, tanto no mundo real quanto no mundo virtual, vivemos uma "sociedade do espetáculo narcísico", porque nos esforçamos para tentar atrair e cativar o público, quase que numa tentativa de nos vender como produtos indispensáveis e da mais alta tecnologia. Mas na *internet* a exposição parece ser ainda mais explícita, porque, segundo ele, as redes sociais agem como uma espécie de vitrine na qual as pessoas tentam se manter "'vendáveis' o tempo todo".

A preferência pela vida virtual tem reflexo direto no aumento da conectividade. O controle total do ambiente virtual pelo usuário é a razão da predileção. No mundo virtual vive-se em um "*Black Mirror*", onde um homem frustrado com sua vida real, no virtual, pode se tornar o capitão de uma nave estelar, tal qual na série Jornada nas Estrelas[25].

---

(23) Disponível em: <https://www.comscore.com/por/Insights/Apresentacoes-e-documentos/2015/2015-Brazil--Digital-Future-in-Focus>. Acesso em: 28 jan. 2018.

(24) Disponível em: <http://www.projectsevolution.com.br/Ebooks/Quem_Ve_Perfil_Nao_Ve_Coracao.pdf>. Acesso em: 28 jan. 18.

(25) Disponível em: <https://veja.abril.com.br/entretenimento/uss-callister-de-satira-de-star-trek-a-terror-psicologi-co/>. Acesso em: 28 jan. 2018. O episódio da série *Black Mirror*, produzida pela NETFLIX, intitulado U.SS. Callister trata deste exato exemplo. Nele o capitão da nave é *Roberto Daly* (*Jesse Plemons*, de *Fargo* e *Breaking Bad*),

Muitos já têm, literalmente, uma "segunda vida" no ambiente virtual, com avatares no *"Second Life"*, mundo virtual criado em 1999 e mantido pela empresa *Liden Lab*[26].

Como relação às pressões sociais, ligadas ao mundo do trabalho, observa BARROS JUNIOR que:

> É nesse contexto que as redes sociais da *internet* em geral inserem-se, o *LinkedIn* o *Facebook*, em particular. Inserem-se como uma vitrine de compra e venda de "mercadorias"; inserem-se como um palco onde milhões de sujeitos tentam chamar a atenção para si, seja pela viagem que realizaram (vejam as fotos de felicidade!), seja pelo currículo invejável que têm (ou parecem ter), seja pelas recomendações que receberam de colegas de trabalho, de subordinados, de chefes; seja pelo número impressionante de contatos que têm, seja lá por que aspecto de imagem própria que querem construir para o outro e serem reconhecidos por ela. (BARROS JUNIOR, 2014, p. 28)

Nesse contexto, a conectividade excessiva, voluntariamente estabelecida ou imposta por exigência de trabalho, tem resultado em problemas de saúde, os mais variados, implicando, por vezes, em atitudes que remetem a ideia de vício.

3.2. *Smartphones,* nomofobia e vício

As novas tecnologias estão revolucionando o mundo do trabalho, mas poucas, em tão pouco tempo, têm gerado mudanças culturais e comportamentais tão relevantes quanto os chamados *smartphones*. Segundo a União Internacional de Telecomunicações (UIT), já são mais de 7 bilhões de aparelhos celulares em uso no mundo, sendo esta a maneira mais usada para acessar a *internet* [27]. No Brasil, o número de *smartphones*, em 2019, alcançou **230 milhões**, ou seja, mais de um aparelho por habitante[28].

---

programador que desenvolveu um ambiente em que mistura Inteligência artificial e realidade virtual, em que o jogador imerge em um universo paralelo. De dia, Robert sofre com o sócio da empresa (Jimmi Simpson, de Westworld), um chefe irritadiço, sempre pronto a humilhar o colega, e com o restante da equipe, que também não faz questão de tratá-lo com respeito. Durante a noite, o programador foge para seu mundo particular, em que todos os mesmos personagens, que o rechaçam no trabalho, agora o admiram: o chefe abusivo vira capacho, as mulheres o desejam, enquanto as aventuras intergalácticas saem ao seu gosto e desfecho

(26) Disponível em: <http://brasilescola.uol.com.br/curiosidades/second-life.htm>. Acesso em: 28 jan. 2018. Na *"Second Life"*, a pessoa escolhe sua aparência, personalidade, classe social, opção sexual, etc.,ao contrário dos jogos convencionais onde você tem por base estágios e oponentes que disputam entre si, a SL permite a criação de uma personagem e com esta você pode se locomover através do avatar em um ambiente virtual e conversar com outros participantes. Esse jogo é aperfeiçoado a cada dia para que se torne o mais real possível, fazendo com que o participante vicie pelo mundo virtual. Muitas pessoas acabam entrando de tal forma como a *"Second Life"*, que se esquece da sua vida própria, de se relacionar com pessoal reais e de seus problemas que requerem soluções imediatas.

(27) Disponível em: <https://veja.abril.com.br/blog/letra-de-medico/nomofobia-a-dependencia-do-telefone--celular-este-e-o-seu-caso/>. Acesso em: 28 jan. 2018.

(28) WOLF, Giovanna. Brasil tem 230 mi de *smartphones* em uso. *Estadão*. Em 26.04.2019. Disponível em: <https://economia.uol.com.br/noticias/estadao-conteudo/2019/04/26/brasil-tem-230-mi-de-smartphones-em-uso.htm>. Acesso em: 20 fev.02.2020.

Cumpre destacar que cada vez mais cedo inicia-se o uso dos *smartphones* e *tablets*, com milhões de crianças e adolescentes com acesso livre, total e irrestrito ao conteúdo da *internet*. A possibilidade de criação de dependência é uma realidade, com consequências físicas e psicológicas no longo prazo. Em termos comportamentais mais amplos, tem sido observado nestes jovens uma falta de habilidade nos relacionamentos interpessoais, com dificuldades no estabelecimento de vínculos de amizade e/ou afetivos plenos e duradouros.

Segundo Nabuco de Abreu e Young, na obra "Dependência de *Internet*" (2011, p. 170):

> É muito natural que as pessoas aumentem o uso (e daí o abuso) de *internet* devido à sua natureza prazerosa e estrutura de reforço; (...). O neurotransmissor que parece estar mais associado à experiência de prazer é a dopamina; sabemos, depois de anos de pesquisa, que drogas, álcool, jogos de azar, sexo, comida e até mesmo o exercício físico envolvem mudanças nesse neurotransmissor (Hartwell, Tolliver e Brady, 2009). Em essência, nos tornamos dependentes do intermitente e imprevisível fluxo de dopamina que passa a ser classicamente associado à substância ou comportamento que utilizamos. É aqui que a *internet* se encaixa. No caso do abuso ou dependência de substâncias ou álcool estão presentes outros fatores, incluindo intoxicação fisiológica, tolerância e abstinência.(...)
>
> A *internet* compartilha algumas dessas características, mas não todas, e apresenta alguns aspectos novos e exclusivos. No caso da dependência de *internet* podemos ver aspectos de tolerância e abstinência com concomitante desconforto físico (principalmente na forma de sintomas semelhantes aos de ansiedade ou irritabilidade elevada) quando os pacientes interrompem ou alteram seus padrões de uso. Muitos pacientes relatam esses sintomas de abstinência quando descontinuam ou diminuem o uso de *internet* e de outras tecnologias de mídia digital; frequentemente, esses sintomas e reações são confirmados por membros próximos da família e amigos.

Isto acontece quando as pessoas não conseguem administrar o tempo de uso dos dispositivos eletrônicos, sem estabelecimento de limites, deixando de viver as possibilidades de uma vida real para mergulhar em uma ilusão ou irrealidade. A vida virtual torna-se cada vez mais atrativa que a real.

Aguiar (2018, p. 15) ressalta que:

> (...) no que diz respeito aos *smartphones*, não há dúvidas de que eles são verdadeiros transformadores culturais do século XXI. Mais do que simples aparelhos de comunicação (veja-se que a função telefone é a que menos tem importância atualmente) eles 'transformam as vontades' das pessoas; mudam os modelos de comunicação e a própria maneira comportamental de envolvimento entre elas (quem não presenciou uma mesa em que cada qual com o seu celular interage com terceiros, e não com aqueles que estão ao seu lado — a não ser que os integrantes façam parte do mesmo grupo de *WhatsApp*; ou, ainda, que queiram 'falar' reservadamente entre eles, apenas); dão luz à expressão de ideias e opiniões (o acesso às redes sociais não deixa dúvidas quanto a isso); criam um espaço de exposição midiática de imagem (a indústria dos chamados *selfies*, que instantaneamente

registram situações, pessoas e lugares, são mais do que bons exemplos: uma realidade); dão transparência às mais diversas situações, por meio de gravações de vídeo e áudio: de tudo e de todos, que se prestam (ou não; isso pouco importa) a pôr à mostra fatos, gente e condições que outrora eram preservadas (escondidas mesmo) pelas sombras que as protegiam. Por isso mesmo, o nível de tolerância a abusos diminuiu muito. As medidas explicativas, protetivas e punitivas também.

Nesse sentido, o uso abusivo de *smartphones*, segundo pesquisas, tem variado conforme a diversidade dos critérios diagnósticos utilizados e da variabilidade dos indivíduos estudados. As taxas estimadas de dependência de celular podem chegar até a 60% nos seus usuários. Um estudo brasileiro realizado pela pesquisadora Anna Lúcia King, da UFRJ, verificou que 34% dos entrevistados afirmaram ter alto grau de **ansiedade** sem o telefone por perto[29].

O termo **nomofobia** (uma abreviação, do inglês, para *no-mobile-phone phobia*) foi criado no Reino Unido para descrever o pavor de estar sem o telefone celular disponível. Na realidade, este neologismo atualmente tem sido muito utilizado para descrever a **dependência** do *smartphone* e seus respectivos aplicativos[30].

Segundo notícia publicada no sítio da Associação Brasileira de Psiquiatria, a nomofobia pode ser caracterizada pelos seguintes sintomas[31]:

1. Incapacidade de desligar o telefone;

2. Verificar de maneira obsessiva chamadas, *e-mails* e mensagens de aplicativos;

3. Ficar continuadamente preocupado com a duração da bateria;

4. Ficar incomodado quando a rede não funciona direito.

Sintomas da dependência da *internet*:

1. Preocupação excessiva com a *internet*;

2. Passar cada vez mais tempo *on-line*;

3. Tentativas fracassadas de reduzir o tempo na rede;

4. Irritabilidade, depressão ou instabilidade de humor quando o uso da *internet* está limitado;

---

(29) Disponível em: <https://odia.ig.com.br/_conteudo/rio-de-janeiro/2017-01-15/instituto-da-ufrj-ja-atendeu--a-500-pacientes-com-sintomas-de-dependencia-digital.html>. Acesso em: 28 jan. 2018.

A mesma matéria cita: "Exemplos é que não faltam. A estudante de design Yasmin Frazão, de 21 anos, começou a desencadear transtorno psicológico por acordar todo dia de madrugada para conferir, no *smartphone*, *e-mails* e mensagens no *WhatsApp* e *Facebook*. "Aciono mais de mil vezes por dia os comandos do celular", calcula. A secretária Ana Carolina Borges, 34, está com o braço direito engessado e afastada do trabalho, por causa de tendinite causada pelo uso excessivo do aparelho. O auxiliar de escritório X., 40, foi diagnosticado com 'text neck' ou 'pescoço de texto', que lhe causa dores na cabeça, pescoço e coluna. Ele confessa que passa pelo menos três horas do dia curvado para jogar games no celular. Até no trabalho".

(30) Disponível em: <https://veja.abril.com.br/blog/letra-de-medico/nomofobia-a-dependencia-do-telefone--celular-este-e-o-seu-caso/>. Acesso em: 28 jan. 2018.

(31) Disponível em: <http://abp. org.br/portal/clippingsis/exibClipping/?clipping=20872>. Acesso em: 30 jan. 2018.

5. Ficar *on-line* mais tempo do que o previsto;

6. Colocar relacionamento ou trabalho em risco;

7. Mentir para os outros sobre tempo gasto na rede;

8. Usar a *internet* para escapar de problemas;

A dependência dos *smartphones* tem se tornado um **problema de saúde coletiva**. Mais do que uma fobia, os portadores de *smartphones* estão ficando **viciados**. Pesquisa da Universidade de Chicago indicou que a **atração por diversão e entretenimento é mais viciante que o cigarro e o álcool**. No estudo de regulação do desejo, 205 adultos usaram dispositivos que registraram um total de 7.827 relatórios sobre os seus desejos diários. Os desejos de sono e sexo foram os mais fortes, enquanto os desejos de mídia e trabalho provaram ser os mais difíceis de resistir. Embora o tabaco e o álcool sejam considerados como viciantes, os desejos associados a eles eram os mais fracos, comparativamente.[32] Na atualidade, poucos meios oferecem tanta facilidade no acesso às **informações e entretenimentos** quanto o *smartphone*. Pelo seu potencial viciante, pesquisas têm apresentado o ***smartphone*** **como o novo cigarro**[33].

Importante destacar que o próprio potencial viciante do cigarro demorou a ser conhecido. Em boa parte do século XX, em especial no pós-segunda guerra, o fumo foi glamourizado no cinema e na propaganda. Nos filmes de Hollywood, quase todos os mocinhos e bandidos tinham a sua própria maneira de fumar. O cigarro estava na TV, nos filmes, na propaganda. **Médicos recomendavam marcas de cigarro em grandes revistas norte-americanas**[34]. A população fumante mundial, entretanto, não fazia ideia dos efeitos nocivos do cigarro. Apenas na década de 1990, a glamourização do cigarro passou a ser criticada mais fortemente já que pesquisas científicas passaram a mostrar cada vez mais relação entre doenças como câncer e enfisema pulmonar e o consumo do tabaco. O próprio *cowboy*, que por tanto tempo foi o símbolo da Marlboro, faleceu em decorrência do cigarro[35]. Os fumantes do passado, quer por falta de informação, quer por negação, jamais se imaginaram viciados em algo tão nocivo à saúde. Os portadores de *smartphones* do presente, ainda na fase do *glamour*, estão cada vez mais dependentes, entretanto, ainda sem a informação conclusiva sobre os efeitos nocivos.

Segundo o ex-programador do *Google*, Tristan Harris "o *smartphone* é tão viciante quanto um caça-níqueis"[36]. Além de úteis, os *smartphones* são projetados para serem

---

(32) *Study finds lure for entertainment, work hard for people to resiste*. Em 27 jan. 2012. Disponível em: <https://news.uchicago.edu/story/study-finds-lure-entertainment-work-hard-people-resist>. Acesso em: 20 mar. 2020.

(33) GARATTONI, Bruno; SZKLARZ, Eduardo. *Smartphone: o novo cigarro. Superinteressante*. São Paulo, n. 408, out. 2019.

(34) Nos EUA, ficou famoso um anúncio que dizia: "Os médicos preferem Camel". Cf. Ascensão e queda do tabaco. Em 16.01.2017. Disponível em: <https://super.abril.com.br/ciencia/ascensao-e-queda-do-tabaco/>. Acesso em: 21 fev. 2020.

(35) LEAL, Bruno. *Ascensão e queda da propaganda tabagista*. Em 30 maio 2011. Disponível em: <https://www.cafehistoria.com.br/ascencao-e-queda-da-propaganda-tabagista/>.

(36) GARATTONI, Bruno; SZKLARZ, Eduardo. *Smartphone: o novo cigarro. Superinteressante*. São Paulo, n. 408, out. 2019.

extremamente divertidos. Os ícones coloridos e aplicativos são projetados para estimular certas áreas do cérebro, manipulando, usando recursos da psicologia, da neurologia e até dos cassinos. O sistema de rolagem infinita dos *smartphones* é o paralelo da alavanca da máquina de caça-níqueis:

> As máquinas de caça-níqueis funcionam exatamente assim. A pessoa puxa a alavanca e às vezes ganha moedas, outras vezes nada. Isso aumenta o desejo de continuar jogando. Com o smartphone, a lógica é a mesma: porque você nunca sabe ao certo quantas unidades de conteúdo (*posts*, fotos, *likes* etc.) irá receber. "Para maximizar o vício, tudo o que os designers de *apps* precisam fazer é vincular uma ação do usuário a uma recompensa variável", diz TristanHarris.Quando você entra no *Instagram*, por exemplo, pode receber várias fotos novas dos seus amigos; ou nenhuma. No *Facebook*, pode encontrar novos *likes* ecomentários naquele seu *post*... ou nada. Essa alternância maximiza a dependência. "Quando desbloqueamos o celular e deslizamos o dedo para atualizar nosso *e-mail* ou ver a foto seguinte numa rede social, estamosjogando caça-níqueis com o *smartphone*", afirma Harris[37].

Nosso cérebro tem sido condicionado, tal qual o cão de Pavlov[38], a buscar recompensas no *smartphone*. **"Viramos, assim, ratos de laboratório, apertando a alavanca para ganhar comida"** (PRICE, 2018). Segundo Catherine Price (2018), os *designers* dos *smartphones* e dos aplicativos buscam manipular nossa química cerebral de forma a provocar **comportamentos viciantes**. Quase tudo envolve a dopamina que ativa receptores de prazer do cérebro. A dopamina proporciona uma sensação de bem-estar. Assim, toda experiência que libere dopamina, naturalmente, vai ser buscada de novo e de novo. "Se o cérebro aprende que olhar o celular leva a uma recompensa, não vai demorar para que a dopamina seja liberada a qualquer lembrança dele" (PRICE, 2018).

E a sineta de aviso de recompensa ao cérebro também foi projetada com perfeição para os *smartphones*: são **as notificações**. Parecem meros lembretes inocentes, de auxílio até, mas são projetadas para ativar o desejo por recompensa do nosso cérebro. Um estudo de 2014 feito pela Telefônica constatou que as pessoas recebem em média 63,5 notificações por dia no *smartphone*:

> Hoje, esse número certamente é ainda maior. Mas, na esmagadora maioria das vezes, o alerta não indica nada que não possa esperar. É uma notícia sobre o campeonato de futebol, um pedido de amizade de um ex-colega que você não vê há décadas, o vídeo de um gato tocando piano...
>
> Nada demais. Mas a advertência nos mata de curiosidade e, ao mesmo tempo, instila o medo de estar perdendo algo importante. As notificações fazem o cérebro liberar cortisol, hormônio ligado ao estresse — que, em seguida, pode ser aliviado

---

(37) GARATTONI, Bruno; SZKLARZ, Eduardo. *Smartphone:* o novo cigarro. *Superinteressante*. São Paulo, n. 408, out. 2019.

(38) VERSIGNASSI, Alexandre. *O que é o "cão de Pavlov"?* Em 18 abr. 2011. Disponível em: <https://super.abril.com.br/ciencia/o-que-e-o-cao-de-pavlov/>. Acesso em: 20 abr. 2020.

pela dopamina (disparada pelo conteúdo dos *apps*). Com o tempo, esse ciclo de tensão e relaxamento se torna altamente viciante.[39]

A dependência de *internet* e o **vício** em *smartphones* tendem a dissolver as fronteiras entre a vida pessoal e a vida profissional, inclusive nos fins de semana e nas férias. O que temos, na prática, é uma conexão perpétua, sem intervalos, sem desconexão.

Nestes termos sobreleva-se a importância de alguns questionamentos: a dependência — adquirida voluntariamente — do uso de *notebooks*, *tablets* e *smartphones* pode, e deve, ser encarada como problema de saúde pública, entretanto, e quando esta "dependência" é derivada de imposição? Sendo decorrente de exigências ligadas ao de contrato de trabalho? Quais os limites para uso de meios informatizados como ferramentas de produção no meio ambiente de trabalho? A resposta a estas indagações é objeto dos itens a seguir. Antes, importa evidenciar o tipo de trabalhador mais vulnerável aos feitos de uma conectividade excessiva: **o teletrabalhador**.

3.3. Infoxicação e Covid-19

Estamos **infoxicados**! Recebemos diariamente mais informações do que conseguimos processar ou assimilar. Um tsunami diário de informações tem nos deixado **intoxicados**.

Acordamos e, instintivamente, consultamos *WhatsApp*, *Facebook*, *Ttwitter*, *sites*, *blogs*, *Instagram*... e repetimos o mesmo ritual antes de dormir. As poucas emissoras de TV existentes nas décadas de 1980, 1990, multiplicaram-se massivamente e, quase todas, priorizam as **notícias ao vivo**. A rapidez e o volume de informações não permitem sequer a "digestão" da última notícia consumida. O órgão de digestão neste caso é o **cérebro** que, incapaz de assimilar os reflexos da hiperconectividade, **sofre**.

A epidemia de informações do século XXI foi potencializada pela pandemia da **Covid-19**. Em tempos de **isolamento social**, ficamos emparedados por informações atualizadas a cada minuto: discursos, ideias, **conceitos científicos** mudam em um piscar de olhos sem que haja tempo hábil para assimilação. **A cabeça dói**, pois infoxicada. A **infoxicação** não é termo novo. O neologismo foi cunhado em 1996 pelo físico espanhol Alfons Cornella e representa um excesso de informações muito maior que uma pessoa pode processar[40] e os efeitos são, entre outros, **dispersão, estresse** e **ansiedade**.

Com o isolamento social, a **maré informacional** não para de subir. A velocidade da comunicação é avassaladora. Respostas virtuais ainda mais rápidas têm sido exigidas dos **isolados** já que não há mais as desculpas de se estar no trânsito, no cinema ou... **no trabalho**. No mundo do trabalho — **virtual** — o excesso de informações também é um problema.

Na quarentena possível, trabalhar em casa tem sido um privilégio sim, mas não sem ônus. As fronteiras entre trabalho, lazer e descanso, já comprometidas antes da **Covid-19**,

---

(39) GARATTONI, Bruno; SZKLARZ, Eduardo. *Smartphone*: o novo cigarro. *Superinteressante*. São Paulo, n. 408, Out. 2019.

(40) DIGUÊ, Patrícia; LOES, João. Intoxicados de informação. *Istoe.com.br*, em 21 jan. 2016. Disponível em: <https://istoe.com.br/139296_INTOXICADOS+DE+INFORMACAO/>. Acesso em: 12 abr. 2020. Cf. CORNELLA, Alfons. *Infoxicación*: buscando un orden en la información. 2. ed. Barcelona: Zero Factory, 2010.

desmoronaram. **O aríete informacional é implacável.** As demandas para um trabalhador em *home office* nunca foram tão grandes. #Fiqueemcasa e... cuide das crianças, cozinhe, limpe, não se contamine e... **trabalhe.** Em ambientes improvisados, o **teletrabalhador pós--pandemia** tem que administrar, além de *e-mails*, os incontáveis grupos de *WhatsApp* onde transbordam informações, mensagens de texto, vídeos, memes e notícias, muitas notícias, a maioria *fake*. Especial atenção aos grupos do trabalho: dos setores (um de cada); dos coordenadores (ou da função correspondente); da gerência de crise; **do curso de EAD obrigatório**; do sindicato. O número de grupos é proporcional ao nível do(s) cargo(s) de chefia exercido(s). A demanda por resposta imediata nestes grupos de *WhatsApp* tornou-se a representação na terra dos **nove círculos do inferno de Dante**, uma tortura interminável.

Com tanto ruído de informação, impossível refletir, elaborar pensamentos e desenvolver ideias. **A ansiedade só aumenta.** O excesso de informações e a exigência — sem limite — de atividades virtuais afetam a saúde do trabalhador em quarentena. Pesquisa conduzida na Califórnia, em 398 adultos que passaram por reclusão decorrente de **desastre pandêmico**, investigou as respostas psicossociais. O resultado demonstrou várias evidências de transtorno por estresse pós-traumático (TEPT). A reclusão — por si só — gera vários problemas emocionais, como a depressão, humor rebaixado, insônia, raiva, exaustão emocional e irritabilidade[41]. Some-se a quarentena ao excesso de cobranças virtuais de trabalho e temos um único resultado inexorável: **o adoecimento.**

As fronteiras entre **trabalho virtual** e vida pessoal devem ser **soerguidas** mesmo em isolamento social. O direito ao descanso, ao lazer, o direito à desconexão, ainda que mitigados pela pandemia, precisam ter seus **núcleos essenciais preservados.** Psicólogos, como Cristiano Nabuco, enfatizam a necessidade do estabelecimento de rotinas, de "previsão" de seu cotidiano, "pois tais sensações de manejo são fortes o suficiente para acalmar sua mente e seu cérebro mais primitivo"[42]. Assim, a delimitação de horários para o trabalho, descanso e lazer é um imperativo. O cérebro reage mal à confusão. O descanso e o lazer devem estar, preferencialmente, **desconectados dos ambientes virtuais.** A própria OMS divulgou diretrizes para proteger nossa **saúde mental** durante a pandemia e, em essência, tratam de combate à **infoxicação**, tais como evitar assistir, ler ou ouvir notícias de maneira descontrolada, principalmente, aquelas que podem nos deixar mais ansiosos e angustiados[43]. A **desconexão programada** combate a infoxicação. Parafraseando a oportuna recomendação do momento: fique em casa e, se puder, **desconectado.**

3.4. Teletrabalho e amplitude conceitual

Poucas atividades laborais estão tão expostas aos eventuais efeitos de um excesso de conectividade quanto às inerentes ao trabalhador que atua em regime de teletrabalho, sendo imperioso o estudo e reconhecimento de características que definam esse tipo de labor.

---

(41) Disponível em: <https://cristianonabuco.blogosfera.uol.com.br/2020/03/24/os-impactos-psicologicos-da-quarentena-e-como-reduzi-lo/?cmpid>. Acesso em: 10 abr. 2020.

(42) Disponível em: <https://cristianonabuco.blogosfera.uol.com.br/2020/03/17/efeitos-do-covid-19-em-sua-saude-mental-veja-dicas-para-lidar-melhor/?cmpid>. Acesso em: 10 abr. 2020.

(43) Disponível em: <https://cristianonabuco.blogosfera.uol.com.br/2020/03/17/efeitos-do-covid-19-em-sua-saude-mental-veja-dicas-para-lidar-melhor/>. Acesso em: 10 abr. 2020.

O teletrabalho, nas palavras de THIBAULT ARANDA (2001), é a forma de organização, execução do trabalho realizado prevalentemente a distância e mediante o uso intensivo das tecnologias de informação e comunicação, podendo ser desenvolvido em diferentes modalidades, conforme o local onde é executado; *home office* é o desenvolvido na residência do trabalhador; **telecentros** são locais escolhidos pelas empresas fora de suas sedes; **móvel** ou nômade é o realizado por trabalhadores que não têm local fixo para a realização das tarefas.

A Sociedade Brasileira de Teletrabalho e Teleatividade (SOBRATT)[44] define teletrabalho como todo e qualquer trabalho a distância, ou seja, fora do local tradicional de trabalho, com a utilização de tecnologia da informação e da comunicação, ou mais especificamente, com computadores, telefonia fixa e celular e toda a tecnologia que permita trabalhar em qualquer lugar e receber e transmitir informações, arquivos de texto, imagem ou som relacionados à atividade laboral.

A Organização Internacional do Trabalho (OIT), por sua vez, apresenta o teletrabalho como forma de trabalho realizada em lugar distante do escritório e/ou centro de produção, que permita a separação física e que se utilize de uma nova tecnologia que facilite a comunicação[45].

Pelos dois últimos conceitos apresentados, vislumbra-se inclusive a possibilidade da execução de teletrabalho de maneira eventual por trabalhadores (tradicionais) que cumpram expediente na sede da empresa, através do uso de correio eletrônico e aplicativos de mensagens instantâneas fora do local e horário clássicos de trabalho. A redação do art. 75-A da CLT permite esta conclusão.

Para Vasconcelos (2011), atualmente, as tecnologias da informação e comunicação estão completamente inseridas na rotina da maioria dos trabalhadores, além disso, essas ferramentas possibilitaram o surgimento de uma nova modalidade de trabalhar: o teletrabalho.

A crescente difusão da *internet*, aliada à necessidade de maior flexibilidade das empresas na contratação de tarefas, impulsionou e vem impulsionando a demanda pelo teletrabalho.

Conforme Fincato (2003), o teletrabalho pode ser classificado ainda conforme o nível de interatividade entre o trabalhador e a empresa. O *off-line* é aquele onde não se verifica conexão interativa entre trabalhador e empregador, ou seja, o computador é usado como ferramenta e a produção é enviada por correio convencional ou pessoalmente; a modalidade *on way line* é aquela onde a comunicação é unimodal, mediada por tecnologia como *pagers*, que não permitem interatividade simultânea entre os sujeitos; e a modalidade *on-line*, quando o trabalhador e a empresa mantêm a comunicação continuada, bilateral e em tempo real, hoje a mais frequente.

O teletrabalho sem dúvida se apresenta como importante fator de geração de empregos e expansão do trabalho, bem como meio de incluir deficientes físicos, frequentemente preteridos no mercado de trabalho, reduz custo aos empregadores, dá mais agilidade, aumenta

---

(44) BRASIL. SOBRATT — *Sociedade Brasileira de teletrabalho e teleatividades*. Disponível em: <http://www.sobratt. org.br/faq.html>. Acesso em: 21 de ago. 2015.

(45) Disponível em: <http://www.oitbrasil.org.br/content/vantagens-do-trabalho-distancia>.

a produtividade, para o trabalhador apresenta vantagens como flexibilidade de horário e ainda apresenta vantagens ambientais no que concerne à diminuição da poluição do ar e congestionamento de tráfego.

Não obstante as vantagens mencionadas, algumas de suas peculiaridades tornam essa modalidade mais vulnerável ao *dumping* social[46], principalmente no que tange a tutela da saúde e segurança no ambiente laboral (VASCONCELOS, 2011).

As particularidades do teletrabalho atingem alguns elementos clássicos da relação de emprego, levando à desconstrução de tipos manejados pelo ordenamento laboral, dificultando a aplicação de critérios tradicionais de identificação da natureza jurídica da relação que ainda estão vinculados ao modelo de produção fordista. A pessoalidade, continuidade, onerosidade e subordinação jurídica se apresentam de forma totalmente diferente no teletrabalho (SAKO, 2014, p. 28).

A subordinação jurídica fica **concentrada na vigilância eletrônica** e, mesmo com a distância e com a **potencial** flexibilidade de horários, o teletrabalhador fica, como se verá adiante, **submetido a um intenso controle de jornada**, controle inclusive em seu tempo livre. O que se verifica é que o trabalhador fica conectado em tempo integral mesmo afastado do centro de trabalho (ARANDA, 2003).

A subordinação jurídica, portanto, é evidente; o que muda é apenas a forma como é exercida, provocando, inclusive, uma desestabilização do equilíbrio de forças. Mesmo no trabalho intelectual, o teletrabalhador não é menos subordinado do que o profissional liberal que se ocupa do *software* (PEDREIRA, 2000).

Para qualificar a relação de emprego, será necessário verificar a presença de outros elementos, como a fixação de prazos para a conclusão do trabalho, aplicação de sanções por atrasos, exigência de apresentação de resultados satisfatórios, dependência econômica, propriedade dos instrumentos de trabalho e programas informatizados etc... (SAKO, 2014, p. 49).

Feitos estes registros conceituais doutrinários, imperioso destacar que a saúde e a segurança no meio ambiente laboral são direitos fundamentais, garantidos expressamente no art. 7º e inciso VIII do art. 200 da Constituição Federal, e se aplicam tanto aos trabalhadores que trabalham na sede da empresa quanto aos que trabalham a distância, sob regime do teletrabalho.

O teletrabalho também tem conceito previsto em Lei. O novel inciso III, do art. 62 da CLT, inserido pela Lei n. 13.467/17 (Reforma Trabalhista), estabelece que:

Art. 62 – Não são abrangidos pelo regime previsto neste capítulo:

I – os empregados que exercem atividade externa incompatível com a fixação de horário de trabalho, devendo tal condição ser anotada na Carteira de Trabalho e Previdência Social e no registro de empregados;

---

(46) *Dumping* social: prática comercial de concorrência desleal em que as empresas desrespeitam a legislação social com intuito de obter vantagens comerciais através da redução de seus custos.

II – os gerentes, assim considerados os exercentes de cargos de gestão, aos quais se equiparam, para efeito do disposto neste artigo, os diretores e chefes de departamento ou filial;

III – os empregados em regime de teletrabalho. (grifou-se)

Sucintamente, o empregado em regime de teletrabalho, com a Lei n. 13.467/2017, foi equiparado ao trabalhador **que tem atividade externa** incompatível com a fixação de horário de trabalho. Não terá, então, direito às horas extras. A Lei, entretanto, sem trocadilho, está **desconectada** da realidade, mesmo se considerada sua redação anterior. **A ideia de impossibilidade de controle da jornada de trabalhador externo ou de um teletrabalhador não subsiste diante da realidade dos atuais avanços tecnológicos.**

Com uso de aplicativos de *smartphone*, o empregador consegue monitorar cada passo do seu empregado, inclusive sua localização através de sistema de rastreamento por GPS (Sistema de Posicionamento Global).

Portanto, é preocupante **a amplitude do conceito de teletrabalho** que implica, objetivamente, em **restrição a direito**. Os arts. 75-A e 75-B da CLT apresentam os seguintes parâmetros conceituais:

Art. 75-A. A prestação de serviços pelo empregado em regime de teletrabalho observará o disposto neste Capítulo.

Art. 75-B. Considera-se teletrabalho a prestação de serviços preponderantemente fora das dependências do empregador, **com a utilização de tecnologias de informação e de comunicação** que, por sua natureza, não se constituam como trabalho externo.

Parágrafo único. O **comparecimento às dependências do empregador** para a realização de atividades específicas que exijam a presença do empregado no estabelecimento **não descaracteriza o regime de teletrabalho**. (grifou-se)

Abstraídos os comentários sobre a redação esquizofrênica dos dispositivos supratranscritos, impõe-se ressaltar os requisitos do tipo legal: 1 – o trabalho **preponderantemente externo**; 2 – uso de tecnologias de informação e de comunicação; 3 – **que não constitua, por sua natureza, trabalho externo**.

Nesse sentido, o empregado que usa aplicativo de gestão de tarefas em *smartphone* e realiza visita a clientes em alguns dias da semana deve ser considerado em regime de teletrabalho? Sua rotina, portanto, impossibilita o controle de jornada que justifique a restrição legal ao direito a limite de jornada diária de trabalho e ao pagamento de horas extras. Parece-nos que não.

Um conceito tão amplo e de contornos confusos, em matéria de restrição de direitos, apenas fomenta insegurança jurídica. Note-se que jurisprudência e doutrina têm evitado conceituar o teletrabalho de forma hermética ou definitiva, até pela evolução cada vez mais rápida dos tipos de trabalho que usam instrumentos de informática ou telemáticos. Para Alice Monteiro de Barros, o teletrabalho é considerado como modalidade especial de trabalho a distância, constituindo novo tipo de trabalho descentralizado, realizado no domicílio do trabalhador ou em centros satélites fora do estabelecimento patronal, mas em contato com ele ou em outro local, de uso público. Observa a autora, com fineza de pensamento, que:

Aliás, essa nova forma de trabalhar poderá ser também transregional, transnacional e transcontinental. Esse tipo de trabalho permite até mesmo a atividade em movimento. Ele é executado por pessoas com média ou alta qualificação, as quais se utilizam da informática ou da telecomunicação no exercício das atividades (BARROS, 2009, p. 327).

Já Rodrigues Pinto entende que:

> Seu melhor conceito é o de uma atividade de produção ou de serviço que permite o contato a distância entre o apropriador e o prestador da energia pessoal. Desse modo, o comando, a execução e a entrega do resultado se completarão mediante o uso da tecnologia da informação, sobretudo a telecomunicação e a informática, substitutivas da relação humana direta (RODRIGUES PINTO, 2007, p. 133).

Importante registrar que com a pandemia do Covid-19, especificamente após o reconhecimento do estado de calamidade pública em todo o território brasileiro pelo Decreto Legislativo n. 6, o teletrabalho, em sistema de *home office*, cresceu exponencialmente. Neste particular a MP n. 927 de 2020, apesar de focar o trabalho em *home office*, em nada alterou a CLT no que concerne ao conceito de teletrabalhador. Os arts. 75-A a 75-E e 62, III, da CLT continuam válidos e vigentes, mas se aplicarão apenas em casos de omissão na regulamentação instituída pela MP. Deve-se registrar, ainda, que a MP n. 927 de 2020 tem vigência temporal restrita, sendo suas normas aplicáveis a contratos de trabalho apenas **"durante o estado de calamidade pública a que se refere o art. 1º"**.

A MP n. 927, basicamente, repetiu os conceitos de teletrabalho e teletrabalhador previstos na CLT, senão vejamos:

Art. 4º...

§ 1º Para fins do disposto nesta Medida Provisória, considera-se teletrabalho, trabalho remoto ou trabalho a distância a prestação de serviços **preponderante ou totalmente fora das dependências do empregador**, com a **utilização de tecnologias da informação e comunicação que, por sua natureza, não configurem trabalho externo**, aplicável o disposto no inciso III do *caput* do art. 62 da Consolidação das Leis do Trabalho, aprovada pelo Decreto-lei n. 5.452, de 1943. (Grifou-se)

Entretanto, apesar de crítica feita supra à redação do art. 75-B da CLT sobre a amplitude conceitual, o contexto que embasa a MP n. 927 implica em clara restrição interpretativa na qual o teletrabalhador, para os efeitos desta norma, é o trabalhador em sistema de *home office*. Trabalhador que, regra geral, não era trabalhador e, nos termos da MP n. 927, por decisão unilateral do empregador passa a sê-lo sem necessidade de aditivo contratual (art. 4º, *caput*).

Entende-se, para os efeitos deste estudo, que **o conceito de teletrabalho está indissociavelmente ligado à rotina de trabalho a distância e ao uso dos meios de tecnologia da informação e comunicação, mas não pode ter seus contornos estratificados, engessados, tampouco implica, necessariamente, em falta de controle da jornada de trabalho pelo tomador de serviços.**

3.4.1. Controle de jornada

Repita-se, o novel inciso III, do art. 62 da CLT, acrescido pela Lei n. 13.467/2017, está em claro descompasso com a realidade tecnológica atual.

Conforme já apontado alhures, o excesso de conectividade, em especial nas relações de trabalho, é diretamente proporcional ao volume de labor desenvolvido. **Os meios informatizados — vinculados a uma atividade de trabalho — ainda que, potencialmente, possam estabelecer maior flexibilidade na rotina do trabalhador, ampliam, sobremaneira, a possibilidade de fiscalização do trabalho diário do mesmo.**

Assim, defende-se o **total** descompasso da nova norma celetista (inc. III, do art. 62) com o **contexto fático-social atual**; constituindo verdadeiro anacronismo (apesar de recente a norma) e, ainda, conflito direto com direitos fundamentais previstos na Constituição da República, entre eles o da **sadia qualidade de vida no meio ambiente do trabalho**, o descanso, o **lazer**, entre outros. **Reitere-se: com os modernos meios de comunicação todas as atividades são suscetíveis ao controle de jornada, ainda que preponderantemente externas. Desconsiderar os avanços tecnológicos implica em fechar os olhos para a realidade.**

Entendem Muniz e Rocha que:

> (...) é perfeitamente viável aplicar ao teletrabalhador as normas sobre jornada de trabalho, quando estiver em conexão permanente com a empresa que lhe controla a atividade e o tempo de trabalho. Afinal, essa é a regra, ao passo que o inciso I do art. 62 da CLT é a exceção. **Não há incompatibilidade entre o teletrabalho e a jornada extraordinária** (MUNIZ e ROCHA, 2013, p. 111 — grifou-se).

Neste mesmo sentido, observa Vólia Bomfim Cassar:

> Há forte presunção de que teletrabalhador não é fiscalizado e, por isso, está incluído na exceção prevista no art. 62, I, da CLT. Se, todavia, o empregado de fato for monitorado por *web*câmera, intranet, intercomunicador, telefone, número mínimo de tarefas diárias etc., terá direito ao Capítulo "Da Duração do Trabalho", pois seu trabalho é controlado. Aliás, o parágrafo único do art. 6º da CLT é claro no sentido de que 'Os meios telemáticos e informatizados de comando, controle e supervisão se equiparam, para fins de subordinação jurídica, aos meios pessoais e diretos de comando, controle e supervisão do trabalho alheio'. (CASSAR, 2012, p. 712).

Diferentemente do que dispõe a presunção do inc. III, do art. 62 da CLT, a condição de teletrabalhador não afasta, **por si só**, a possibilidade de fiscalização do horário de trabalho por parte do empregador. Tampouco o uso de instrumentos de informática — vinculados a uma rotina laboral a distância — implicam, necessariamente, em trabalho realizado. Martins (2012, p. 101) evidencia que "o fato de o trabalhador prestar serviços na sua residência não quer dizer que trabalha todo o tempo", destacando que "a circunstância de o computador estar aberto e conectado também pode não dizer que ao trabalhar está prestando serviços para a empresa". Importante ressaltar que o mero *log in* ou *log out* de um trabalhador no sistema informatizado designado para o exercício da atividade laborativa não implica, necessariamente, em efetivo labor despendido. O trabalhador pode estar conectado ao sistema e não se encontrar laborando. Dessa forma, o direito do teletrabalhador à percepção de adicional de horas extras estará condicionado à prova de que seu horário de trabalho era efetivamente fiscalizado/controlado pelo empregador, com realização de atividades específicas.

Destaque-se que a jurisprudência, quanto à impossibilidade de controle de jornada, mesmo no caso da hipótese de trabalho externo (inc. I, do art. 62 da CLT), tem entendido tratar-se de presunção relativa:

> TRABALHADOR EXTERNO. CONTROLE DA JORNADA DE TRABALHO. Ao indicar os trabalhadores que exercem atividade externa como não sujeitos à regência das regras sobre jornada de trabalho, a CLT cria apenas uma presunção *juris tantum* de que tais empregados não estão submetidos, no cotidiano laboral, à fiscalização e ao controle de horário, não se sujeitando, pois à regência das regras sobre jornada de trabalho. Tal presunção pode ser elidida mediante prova em contrário, que demonstre um mínimo de fiscalização e controle por parte do empregador sobre a prestação concreta dos serviços ou sobre o período de disponibilidade perante a empresa. No caso vertente, restou evidenciado, de acordo com o acórdão regional, que existia atividade externa, mas compatível com o controle de horário, visto que a Reclamada detinha condições de acompanhar e registrar a jornada de trabalho, mediante a exigência de preenchimento de relatórios de visitas pelos vendedores, nos quais constava o horário das visitas e o período gasto com deslocamento e alimentação, os quais eram elaborados na empresa após as 17 horas. Tais circunstâncias evidenciam que vigorava uma condição de controle, suficiente para exclui-lo da exceção do art. 62, I, da CLT. Recurso de revista não conhecido, no aspecto (...). *(Processo: RR – 1839100-75.2005.5.09.0028 – Data de Julgamento: 30.3.2011, rel. Ministro Mauricio Godinho Delgado, 6ª Turma, Data de Publicação: DEJT 8.4.2011)*

> RECURSO DE REVISTA. HORAS EXTRAORDINÁRIAS. MOTORISTA. TRABALHO EXTERNO. FIXAÇÃO DE JORNADA. POSSIBILIDADE. Para o enquadramento do empregado como trabalhador externo, inserido nas disposições do art. 62, I, da CLT, é *conditio sine qua non* que o obreiro exerça atividade fora do estabelecimento comercial da empresa e haja incompatibilidade com a fixação de horário de trabalho. Anote-se que não é a ausência de controle de jornada que caracteriza a exceção do art. 62, I, da CLT, mas a impossibilidade de fixação de horário de trabalho, hipótese que não ocorreu nos presentes autos. No caso, o Tribunal Regional consignou expressamente que a reclamada dispunha de equipamentos de rastreamento via satélite, tacógrafo, sistema de comunicação por telefone, os quais, em conjunto, permitiam aferir a precisa localização do veículo conduzido pelo empregado e possibilitavam a fixação de horário de trabalho e o controle da jornada praticada pelo autor. Conclui-se, pois, que a reclamada possuía meios de controlar a jornada de trabalho do autor. Logo, afigura-se devido o pagamento das horas extraordinárias. Recurso de revista conhecido e provido. (TST — RR: 13231920115030043 1323-19.2011.5.03.0043, rel. Luiz Philippe Vieira de Mello Filho, Data de Julgamento: 13.11.2013, 7ª Turma, Data de Publicação: DEJT 18.11.2013)

Assim, como já defendido à exaustão alhures, a norma do inc. III, do art. 62, da CLT, acrescida pela Lei n. 13.467/2017, está em descompasso com a realidade social, além **de inconstitucional** posto que conflitante com os direitos fundamentais à saúde, ao lazer (art. 6º da CR) e ao meio ambiente do trabalho equilibrado (inc. VIII, art. 200 da CR). Importa registrar que, conforme se verá no item 3.7.2, entende-se que o próprio art. 62 da CLT sequer foi recepcionado pela Constituição da República.

3.4.2. Acidente de trabalho

Questão de contornos complexos refere-se ao acidente de trabalho do empregado que atua em regime de teletrabalho.

As normas de seguridade e saúde no trabalho são elaboradas sob a premissa que o empregador controla e é responsável pelo espaço onde se executa a prestação laboral. No teletrabalho, o controle direto do espaço físico pode ficar relativizado, especialmente quando se trata de labor realizado no domicílio do obreiro.

Quando o trabalho é exercido na modalidade *home office*, por exemplo, pondera Aranda (2001) que, ocorrendo um acidente, como distinguir-se entre mero **acidente doméstico ou acidente de trabalho? A jurisprudência espanhola,** ainda segundo o autor, entende que se houver horário fixo para a execução do trabalho, o trabalhador **não precisa fazer a prova do nexo de causalidade** para ter reconhecido o acidente de trabalho; porém, se não houver prévia fixação de horário pelas partes, inverte-se o ônus da prova, cabendo ao empregado **comprovar o nexo de causalidade** do acidente com o trabalho desenvolvido.

Mantendo-se a coerência principiológica adotada na presente obra, entende-se que **o empregador é responsável pela higidez do meio ambiente de trabalho de seu empregado, ainda que em regime de teletrabalho.** Em caso de acidente do trabalho, com base nos princípios da precaução e prevenção, cabe ao tomador de serviços desincumbir-se do ônus de provar a inexistência de nexo de causalidade ou de culpa exclusiva do empregado.

No tocante à tutela jurídica das relações de teletrabalho transnacionais, para Olivares (2005), a prestação de teletrabalho transnacional consiste em imigração mascarada, resultante de *dumping* social praticados pelas empresas, com o agravante que nessas situações o empregador se exime dos problemas jurídicos e sociais trazidos pela imigração tradicional.

No teletrabalho transnacional, a efetivação dos direitos dos teletrabalhadores enfrenta a ausência de visibilidade dessas relações de trabalho que ocasiona um parco ou ausente controle estatal quanto à observância de direitos fundamentais desses trabalhadores, a indefinição da legislação aplicável e do foro de discussão e ainda impossibilidade de imposição de sentença condenatória em Estado estrangeiro (VASCONCELOS, 2011).

Elsner (2014) assevera que há ainda a questão do isolamento como característica dessa nova modalidade de trabalho, o teletrabalhador, por desenvolver sua função fora da sede do empregador, geralmente a executa de forma mais individual, especialmente no *home office*, e esse isolamento pode resultar em alguns prejuízos psicológicos para esse indivíduo.

O fato é que a expansão da modalidade de teletrabalho no sistema mundial e no Brasil trata-se de fenômeno evolutivo e irreversível. As novas tecnologias influenciam diretamente na quebra de paradigmas tradicionais, flexibilizando aspectos trabalhistas como o poder diretivo do empregador e a fiscalização do trabalho, entretanto, deve-se realizar um balanceamento entre os ganhos de produtividade e a segurança e de direitos sociais trabalhistas aos teletrabalhadores, fazendo com que os custos sociais sejam menores que os benefícios proporcionados pelo teletrabalho.

Pelo exposto, resta patente a vulnerabilidade na proteção do meio ambiente laboral do teletrabalho, o que favorece a ocorrência do *dumping* social, bem como a efetivação de direitos sociais do teletrabalhador; no tocante ao ambiente laboral, ainda encontra muitos obstáculos que precisam ser superados.

Importa salientar ainda que no teletrabalho há uma inserção de tecnologia no âmbito particular do empregado, acarretando uma disponibilidade excessiva do trabalhador cuja subordinação ao empregador e a sua fiscalização ultrapassam os limites físicos da empresa. O teletrabalhador precisa do estabelecimento de uma linha divisória entre sua vida privada e sua vida profissional: o exercício de um direito à desconexão, como se verá adiante.

3.5. Reflexos da conectividade no ambiente laboral

Como já mencionado, o atual crescimento tecnológico tem contribuído para o surgimento de novas modalidades de trabalho e, ainda, para novos modelos de ambiente laboral.

O impacto desse avanço tecnológico, conforme trata SAKO (2014, p. 15), exige uma revisitação dos conceitos clássicos de direito laboral, que devem ser interpretados à luz dos direitos fundamentais e direitos humanos. Dessa forma, o ordenamento jurídico como um todo precisa incorporar as novas tecnologias para manter-se vivo e atual, cabendo em um primeiro momento a seus intérpretes redefinirem duas estruturas, atualizando e remodelando as normas para dar respostas às situações concretas.

Segundo esta autora, ainda, no Brasil, os conflitos laborais resultantes da aplicação das tecnologias no ambiente laboral ainda são incipientes, posto que nem os trabalhadores, nem os sindicatos ainda se deram conta de como seus direitos estão sendo afetados nessa nova realidade.

Para FINCATO (2014), o uso das novas tecnologias permitiu que o homem trabalhe mais, mais rápido e mesmo que fora das edificações de um estabelecimento. Essa quebra do tempo-espaço de trabalho trouxe conflitos de interesses novos, desafiando as estruturas do direito do trabalho em seu papel de tutelar o direito do trabalhador.

SAKO (2014, p. 15) alerta que as promessas pós-modernidade, no sentido de que, com a agregação de tecnologia ao trabalho, o ser humano teria mais tempo para o ócio, sociabilidade, capacitação, educação e o convívio familiar, não se concretizaram. Ao contrário, o que se percebe é que com o uso de novas tecnologias o ritmo de trabalho aumentou, bem como o tempo livre foi reduzido.

FINCATO (2014) entende que a tecnologia da informação e da comunicação levou o ser humano à **hiperconexão**, modalidade neoescravista, que gera **problemas psíquicos ao meio ambiente laboral** e consequentemente ao trabalhador. Desta forma, as ferramentas tecnológicas, ainda que certamente dinamizem o trabalho, precisam de um regramento mínimo para que seu uso não prejudique o bem-estar físico e psicológico dos trabalhadores.

Os avanços tecnológicos, além de possibilitar o excesso de conectividade no meio ambiente do trabalho, também têm gerado outros reflexos no cotidiano laboral que, geralmente, afetam o direito à sadia qualidade de vida do trabalhador.

3.5.1. O monitoramento do empregador por meios eletrônicos e o direito à privacidade no ambiente de trabalho

Não obstante a ascensão tecnológica tenha ofertado aos homens diversas facilidades e conveniências, é patente que a vida privada e a intimidade restaram profundamente prejudicadas em uma sociedade dominada por mecanismos de vigilância, como aparelhos audiovisuais e telemáticos. Nas relações laborais a situação é ainda mais grave, posto que os empregadores e tomadores de serviço têm utilizado os avanços tecnológicos para monitorar e fiscalizar a produção e as atividades de seus funcionários, **até mesmo fora do ambiente e do expediente laborais** (COSTA, 2014).

Conforme dispõe COSTA (2014), esse poder de direção não raramente ultrapassa as fronteiras da privacidade e intimidade do empregado, ferindo preceitos constitucionais. Assim, faz-se necessário o estabelecimento de limites na utilização desses meios de monitoramento pelo empregador, resguardando os direitos à intimidade e à privacidade do trabalhador dentro do contexto ambiental laboral.

Como então resguardar o direito à privacidade do trabalhador em um ambiente monitorado por meios eletrônicos face ao exercício do poder de comando pelo empregador?

Para Beltrão (2005), em primeiro lugar devemos considerar que o direito à privacidade integra os direitos de personalidade, com caráter fundamental, representando verdadeira barreira contra abusos do Estado e de qualquer outro particular. Tais direitos são intransmissíveis e irrenunciáveis. O direito à privacidade encontra guarida no art. 5º, inciso X, da Constituição da República e no art. 21 do Código Civil.

De acordo com Maceira (2012), o direito à privacidade está sendo ameaçado pela crescente implementação dos meios telemáticos de comunicação, que, ao mesmo tempo, trouxe inúmeros benefícios e facilidades para a vida moderna.

Para Magano (1982), o poder de comando, também conhecido como hierárquico ou diretivo, é a prerrogativa conferida ao empregador de conduzir os serviços prestados por seus empregados, elaborar normas e aplicar penalidades para manter a ordem no ambiente de trabalho (poder diretivo, disciplinar e regulamentar).

Desta forma, para Paulino (2008), o poder de comando estabelece diretrizes à atuação do empregado, preservando o desenvolvimento das atividades laborais, mas não é absoluto, sendo limitado por direitos e garantias fundamentais, como o direito à privacidade.

A Consolidação das Leis Trabalhistas não faz qualquer menção expressa sobre a proteção à intimidade do trabalhador frente ao poderio empresarial, tratando somente de questões pontuais como revista íntima e pessoal de empregados. Legislações de outros países tratam expressamente da proteção à intimidade e à vida privada do trabalhador, como, por exemplo, o Código de Trabalho de Portugal.

Ribeiro (2008) segrega os tipos de monitoramento possíveis no ambiente laboral: monitoramento audiovisual, eletrônica e telemática. O audiovisual se dá por meio dos circuitos fechados de vídeo, a telefônica se dá por meio das escutas e a telemática é exercida por controle de correio eletrônico e acesso à *internet*.

A legislação brasileira não impõe expressamente obstáculos à utilização de mecanismos de controle dos empregadores nos ambientes laborais, mas por respeito a direitos constitucionais as limitações a estes mecanismos restam claras.

É o exemplo da vedação do uso de câmeras em ambientes como banheiros, refeitórios, vestiários e salas de descanso, preservando a intimidade e privacidade dos trabalhadores, dentro do ambiente de trabalho, bem como o dever de comunicar o empregado previamente quando da instalação de câmeras nos demais ambientes (MANTOVAL JUNIOR, 2010).

Ainda, a doutrina elenca alguns limites ao poder diretivo do empregador, como, o princípio da dignidade da pessoa humana, os direitos de personalidade, a Constituição, as leis, os contratos, as normas coletivas, bem como a boa-fé e função social da propriedade.

Existem países, como Alemanha e França, que não admitem instalação de câmeras nos ambientes de trabalho, ainda que nas áreas comuns, pois prevalece o entendimento que tal controle fere direitos de personalidade.

No Brasil, conforme comentado, a jurisprudência autoriza desde que não sejam instaladas em lugares onde a privacidade e a intimidade devam ser resguardadas.

O monitoramento telefônico encontra limites na Constituição Federal, mais precisamente no art. 5º, inciso XII, que expressamente garante o sigilo das comunicações telefônicas.

Não obstante, para Barros (2012), existem duas correntes quanto ao controle do uso do telefone pelo empregador. A primeira não aprova a gravação ou escuta, posto que existem outros meios de exercer o poder de comando, como o registro telefônico que disponibiliza os números discados e a duração das chamadas. A segunda corrente entende pela plena legitimidade do empregador de exercer escutas posto que o telefone integra patrimônio da empresa, podendo ser fiscalizado.

No tocante à monitoração telemática, que tange ao controle de uso de *internet* e correio eletrônico, para Barros (2012, p. 230) importa destacar que muitas vezes o uso da *internet* transcende os fins relacionados ao trabalho, o empregado passa a trocar mensagens pessoais, acessar *sites* de compras e notícias, baixar músicas e atividades alheias a sua atividade profissional e os empregadores, com escopo de impedir essas condutas, fiscalizam o teor das mensagens, monitoram as navegações pelos *sites*, conferindo os endereços virtuais acessados e seu tempo de permanência, situação que gera divergência doutrinária e jurisprudencial quanto à possibilidade desse controle, frente ao direito à privacidade do empregado.

Emergem, segundo Barros (2012), duas vertentes doutrinárias principais: a primeira entende pela legitimidade do controle, posto que os computadores e demais instrumentos empregados na prestação de serviço são de propriedade do empregador, podendo o mesmo exercer o controle, bem como o *e-mail* profissional seria concedido com fins estritamente profissionais não se submetendo ao sigilo de correspondência constante da proteção constitucional, bem como entendem que a *internet* tem um potencial nível de distração que inspira fiscalização do empregador para promover eficácia dos serviços prestados pelos trabalhadores.

A segunda vertente entende que, ainda que o empregado esteja subordinado ao poder de comando do empregador, sua esfera de privacidade não pode ser suprimida em face desse poder, sendo ilegítimo o controle das páginas visitadas e do *e-mail* corporativo, entendendo ainda que o monitoramento telemático retira do empregado seu potencial de raciocínio e desenvolvimento no ambiente de trabalho, violando sua liberdade de expressão.

Destaque-se, conforme dispõe Bitencourt (2014) no tocante à utilização do *e-mail* corporativo, a jurisprudência pátria tem seguido o entendimento pela possibilidade de controle pelo empregador, desde que dada ciência prévia ao empregado desta possibilidade, o que não se aplica ao *e-mail* pessoal, ainda que utilizado e acessado no ambiente laboral. Nesse sentido:

PROVA ILÍCITA. *E-MAIL* CORPORATIVO. JUSTA CAUSA. DIVULGAÇÃO DE MATERIAL PORNOGRÁFICO. 1. Os sacrossantos direitos do cidadão à privacidade e ao sigilo de correspondência, constitucionalmente assegurados, concernem à comunicação estritamente pessoal, ainda que virtual (*"e-mail"* particular). Assim, apenas o *e-mail* pessoal ou particular do empregado, socorrendo-se de provedor próprio, desfruta da proteção constitucional e legal de inviolabilidade. 2. Solução diversa impõe-se em se tratando do chamado *"e-mail"* corporativo, instrumento de comunicação virtual mediante o qual o empregado louva-se de terminal de computador e de provedor da empresa, bem assim do próprio endereço eletrônico que lhe é disponibilizado igualmente pela empresa. Destina-se este a que nele trafeguem mensagens de cunho estritamente profissional. Em princípio, é de uso corporativo, salvo consentimento do empregador. Ostenta, pois, natureza jurídica equivalente à de uma ferramenta de trabalho proporcionada pelo empregador ao empregado para a consecução do serviço. (Processo TST-ARE n. 61.300-23.2000.5.10.0013 — 18.5.2005 — Rel. Ministro João Oreste Dalazen)

Semelhantemente, decidiu o TRT da 12ª Região:

DANO MORAL. DESCABIMENTO. MONITORAMENTO DO CORREIO ELETRÔNICO DE TRABALHO DO EMPREGADO. Não constitui violação à intimidade e à privacidade do empregado, bem como ao inciso XII do art. 5º da Constituição Federal, a ensejar a indenização por dano moral, o monitoramento, por parte do empregador, do correio eletrônico de trabalho do empregado, porquanto este procedimento está inserido dentro do seu poder de direção e fiscalização, que disponibiliza o referido instrumento para que o empregado o utilize na persecução dos fins da organização, não constituindo direito do obreiro a utilização de forma arbitrária dos instrumentos de trabalho que lhe foram confiados. (Ac.-TRT12ªR.-3ªT,n. 14.080/2005 ProcessoRO-Vn. 7.547-2004-001-12-00-9 de 3.11.2005. Rel. Gracio Ricardo Barboza Petrone)

Os direitos à privacidade e à intimidade nas relações e no ambiente laboral ganharam maior destaque com o avanço tecnológico, tendo em vista o poder diretivo do empregador ao conduzir a produção e fiscalizar seu empreendimento e os direitos fundamentais à privacidade e à intimidade do trabalhador e, como podemos perceber, ainda não há regramento mínimo que assegure o respeito aos direitos personalíssimos do trabalhador, o que há é o entendimento jurisprudencial de dispositivos constitucionais que protegem, de maneira ainda tímida, tais direitos (COSTA, 2014).

Para Maior (2011), o direito à desconexão incide até mesmo dentro do ambiente de trabalho, posto que o empregado mantém seu direito à intimidade e à vida privada inclusive neste ambiente.

Neste sentido, o autor destaca a necessidade de preservação da intimidade do empregado no tocante a correspondências eletrônicas, ainda que através de *e-mail* profissional e realizadas em horário de trabalho, sustentando na proteção do sigilo de comunicação constante do art. 5º, inciso XII, da Constituição Federal e ressaltando o entendimento das cortes europeias no tocante à inviolabilidade deste tipo de comunicação, a ponto de negar a possibilidade de dispensa dos empregados por uso indevido do correio eletrônico.

Não obstante, Maior (2003) reconhece que não se trata de questão simples, posto que assim como reconhece o direito à desconexão do trabalhador, entende, que na lógica inversa, a vida privada do trabalhador não deve interferir no processo produtivo, devendo o mesmo abster-se de dedicar-se a questões privadas durante o expediente e utilizando os meios colocados a sua disposição para o trabalho. Assim, entende que o bom senso e à razoabilidade devem prevalecer, de forma a verificar se a estrutura hierárquica fere o direito do trabalhador a privacidade e ao mesmo tempo se o empregado extrapola fere a lógica organizacional, utilizando-se dos meios produtivos para tratar de questões de ordem privada.

3.5.2. O uso de aplicativos de mensagens instantâneas no ambiente laboral

Na sociedade digital atual existe uma virtualização de praticamente todos os meios em que se organizam as pessoas. Tais mudanças introduzem mudanças significativas nas relações humanas e nas estruturas de subordinação das relações laborais. O trabalho "alienado clássico" é substituído por uma subordinação contínua e uma disponibilidade diuturna de seus sujeitos, criando uma "escravidão psicológica" dos trabalhadores, que se sentem obrigados, por exemplo, a responder *e-mails* durante a madrugada ou a responder a seus chefes fora do horário e do local de trabalho através de aplicativos de mensagens instantâneas.

Através dos computadores e dos *smartphones*, os trabalhadores podem executar serviços de qualquer lugar, em tempo real e sem a tutela efetiva de qualquer órgão de proteção, o trabalhador presta o serviço de forma telemática, trata-se de um fenômeno denominado por Friedman como "Mundo Plano", que quebra as barreiras da velha hierarquização de pessoas e entidades, com uma lógica de cooperação horizontal.

Goulart (2014) destaca que a possibilidade de comunicação e interação que se observa atualmente, por meio da *internet*, das redes sociais e do uso de aplicativos de mensagens instantâneas, ao contrário do que se poderia imaginar, acabou por afastar as pessoas de forma abissal.

A desnecessidade de estar junto trouxe consigo um dos maiores paradigmas da sociedade pós-moderna: as pessoas, através das ferramentas mencionadas, interagem com o número maior de pessoas, por mais tempo e de forma mais veloz, porém sozinhas, afastadas, através de seus computadores, celulares ou *tablets*. Seria este tipo de interação — que baliza as relações sociais e laborais atuais — seja em âmbito laboral ou socioafetivo — realmente saudável?

Percebe-se que rotineiramente os trabalhadores estão fora do horário ou ambiente de trabalho, em momentos que deveriam ser dedicados ao lazer, ou à vida em família, realizando trabalho de maneira telemática por meio de *e-mails* e aplicativos de mensagens instantâneas, afetando seu direito ao lazer, ao descanso, seu direito à desconexão, ao convívio familiar e afetivo.

A dinâmica do consumo, do transporte, das comunicações e da produção está diretamente ligada à nova realidade da sociedade da informação, dessa nova dinâmica surgem modificações nas relações laborais. A questão que não pode ser esquecida é se isso tudo está fazendo bem física e psicologicamente ao ser humano, em especial quando se trata de saúde psicológica, direito à dignidade humana e manutenção dos direitos sociais trabalhistas (Goulart, 2014).

Como foi feito em 2017 na França[47], é necessário regulamentar o uso dos novos dispositivos e aplicativos de forma a preservar a saúde humana frente aos novos cenários,

---

(47) Desde o primeiro dia do ano de 2017, os funcionários franceses conquistaram o direito de ignorar *e-mails* ou mensagens de celular ligados ao trabalho em horários de folga. Isso porque entrou em vigor em 1º de janeiro uma nova lei, que foi apelidada de "direito de se desconectar". Empresas com mais de 50 funcionários serão obrigadas a elaborar uma carta de boa conduta estabelecendo quais são os horários fora da jornada de trabalho — normalmente o período noturno e o fim de semana — quando eles não deveriam enviar ou responder *e-mails* profissionais.

com escopo de evitar o "neoescravismo" que mitiga direitos sociais historicamente e constitucionalmente assegurados.

Nas palavras de Goulart (2014), as máquinas têm absorvido o trabalho repetitivo de mera execução (físico ou intelectual) restando aos trabalhadores o monopólio do trabalho criativo, que empenha o cérebro e por natureza não encontra pausa no tempo, sendo perfeitamente conciliável com a desestruturação do tempo e do espaço de trabalho, causada pelas novas tecnologias.

Para o autor, a velocidade impera na sociedade atual, a dependência na *internet* é patente, tendo em vista a virtualização do trabalho, dos serviços e até mesmo das relações afetivas, os novos paradigmas convergem em benefício dos tomadores de serviço, surgem legiões de viciados em trabalho devido à descentralização e à falta de linhas limítrofes visíveis entre a vestimenta de trabalhador e a vestimenta de ser humano como ser social dotado de necessidades básicas como descanso (direito à desconexão), cuidados próprios e a simples interação social.

O que se observa é que pesa no ombro dos trabalhadores (hipossuficientes) para que o trabalho transcenda os limites clássicos de jornada de trabalho; uma vez conectados, os trabalhadores estão dispostos, a qualquer momento, a receberem informações sobre aquilo que desejar procurá-los, não há mais respeito com o limite diário da jornada de trabalho, tampouco esse tempo à disposição do empregador é visto pelo mesmo como hora trabalhada.

O próprio trabalhador não se permite desconectar posto que há muitas funções conectadas que não envolvem seu trabalho, mas dizem respeito a sua vida pessoal. Tal fenômeno cria uma série de patologias e doenças ocupacionais vez que o ser humano passa muito mais tempo conectado do que recomenda a medicina.

Aumentando a hora diante de computadores, *smartphones* e quaisquer outros meios para comunicar-se de maneira instantânea com empregador e outras pessoas, diminui-se o tempo disponível para o convívio presencial, a interação social humanizada, prejudicando relações familiares e relações amorosas, diante do uso patológico da rede.

Quem nunca esteve ou presenciou, em um restaurante, um grupo de amigos ou casal de namorados em que os dois dividem a mesa, mas cada um encontra-se calado mexendo em seu *smartphone*?

Importa destacar que essa ausência psicológica afeta não somente trabalhadores que acabam ultrapassando suas jornadas, como também afeta empregadores e terceiros, posto que muitas vezes os trabalhadores usam os novos dispositivos para uso pessoal durante a jornada laboral.

Ocorre que o uso de tais dispositivos, no ambiente laboral, é geralmente regulado pelos empregadores, sempre em seu benefício, o que se traduz na política interna de muitas empresas e entidades de proibir uso a celulares e redes sociais nos ambientes laborais, com escopo de aumentar a produtividade.

Entretanto, rotineiramente, o mesmo empregador que proíbe o uso e acesso a mensagens instantâneas e redes sociais dentro do ambiente laboral utiliza tais ferramentas para se comunicar com seu empregado fora do horário e local de trabalho, de forma que exerça pressão psicológica ou exija produtividade além do tempo-espaço devido pelo trabalhador.

3.5.3. Telepressão

O termo "telepressão" foi recentemente criado por ocasião de um estudo do departamento de psicologia da *Northern Illinois University*, nos Estados Unidos da América. **O fenômeno é reflexo da superconectividade das pessoas aos meios informatizados da atualidade**.

A pesquisadora Larissa Barber, do departamento de psicologia da Northern Illinois University, publicou em novembro de 2014, no *Journal of Occupational Health Psychology*, um relatório sobre o que ela chamou de *workplace telepressure*. Em tradução livre significa "telepressão do local de trabalho" e representa a preocupação, na verdade a aflição e a urgência com as quais funcionários de diversas áreas têm em responder *e-mails*, mensagens instantâneas de texto e *e-mails* de voz de clientes, colegas e supervisores. O comportamento, indica a pesquisa, interfere no tempo de recuperação pós-trabalho, está relacionado ao estresse e à falta de foco nas atividades, o que afeta diretamente a qualidade do serviço e a produtividade das empresas[48].

Loscar (2015) menciona uma outra pesquisa, desenvolvida em 2012 pela *GFI Softwares*, que mostra que 81% dos empregados norte-americanos checam seus *e-mails* de trabalho, já quando estão fora do local e horário de trabalho. Do total de entrevistados, 32% respondem suas mensagens em menos de 15 minutos, e 72% afirmam que, ao enviar um *e-mail*, espera uma resposta em até 60 minutos (KELLEHER, 2013).

Segundo Loscar, "se tivermos em mente que as vendas de *smartphones* vêm continuamente superando as vendas de computadores pessoais (ou PCs), ao menos desde 2011 (*Estadão*, 6 fev. 2012), podemos deduzir que parcela significativa das pessoas que sofrem com o *workplace telepressure* cada vez mais são expostas à tecnologia desses aparelhos portáteis — um ciclo onde o cão corre atrás do próprio rabo"[49].

Como já exposto, telepressão é um termo utilizado para denominar a necessidade de se manter conectado com o trabalho e responder rapidamente ao chefe, colegas ou clientes, mesmo que a pessoa esteja nos horários de folga ou no período de férias (VARGAS DA SILVA, 2014).

A telepressão é resultado do uso indiscriminado de diversas tecnologias de comunicação no mundo corporativo e da cultura que se criou para que todos estejam disponíveis o tempo todo. A telepressão, no entanto, além de criar pressão para que as mensagens sejam respondidas imediatamente, também é caracterizada por outro fator: **trabalhar fora do horário de expediente**. Os *smartphones*, celulares, *tablets* e *notebooks* proporcionaram a mobilidade no trabalho e, também, o excesso de conectividade.

As pessoas que se mantêm conectadas ao trabalho fora do horário de expediente podem sofrer de diversos males, como, diminuição do desempenho no trabalho, tendo em vista que tiveram seu período de descanso comprometido, aumento do estresse por estar sempre

---

(48) Tecnopedagogia dos *smartphones*: a perspectiva ecológica de um Hermes supliciado. LOSCAR, Carlos Afonso Mello. In: *Comunicação e cultura digital*. Disponível em: <http://www.assibercom.org/download/Ibercom_2015_Anais_DTI-6.pdf>. Acesso em: 18 jan. 2018.

(49) *Idem*.

à disposição do empregador, sem descansar ou relaxar, bem como outras doenças, como depressão, insônia, queda de cabelos, de unhas[50].

Para evitar esses danos, em países da União Europeia, como a França, existem leis ou projetos de lei que objetivam limitar o envio de mensagens pelo empregador ao trabalhador fora do horário de trabalho.

Para Larissa Barber, na sua pesquisa *workplace telepressure*, a possibilidade de usar *e-mails* ou mensagens instantâneas traz uma vantagem para profissionais ao dar a eles mais flexibilidade de realizar o trabalho também fora do escritório. Mas essa possibilidade às vezes embute alguns efeitos colaterais. Os funcionários começam a achar que precisam estar disponíveis para responder pedidos a qualquer hora do dia. Esse tipo de conexão contínua não permite às pessoas ter tempo suficiente para se recuperar do trabalho entre um dia e outro.

O estudo envolveu duas pesquisas, cada uma com participação de mais de 300 pessoas que afirmaram responder pedidos de trabalho em horários fora do expediente, durante fins de semana, folgas e no período de férias. Quanto maior a disponibilidade, mais forte também a propensão a ter problemas de saúde decorrentes do estresse.

Segundo as pesquisas, a principal causa da telepressão no ambiente de trabalho é uma cultura organizacional que exija dos funcionários que eles estejam sempre disponíveis — o que pode se manifestar de forma sutil no dia a dia, como por meio do uso excessivo de *e-mails* "urgentes", pedidos de resposta imediata e de desculpas em respostas com apenas algumas horas de atraso. "Assim, os funcionários recebem mensagens explícitas ou indiretas do seu ambiente de trabalho de que ter um alto índice de resposta é algo bem avaliado e esperado de bons funcionários", diz Alecia Santuzzi, pesquisadora integrante do projeto.

As pesquisadoras também desenvolveram um modelo para medir a telepressão sentida por profissionais, a partir de seis afirmações que devem ser avaliadas entre "concordo muito" ou "discordo muito" ao completar a frase "quando uso tecnologias de mensagens e *e-mails* para fins de trabalho...":[51]

1. Acho difícil me concentrar em outras coisas quando recebo uma mensagem de alguém.

2. Só consigo me concentrar melhor em outras tarefas depois que respondo minhas mensagens.

3. Não consigo parar de pensar nas mensagens até respondê-las.

4. Sinto uma necessidade forte de responder os outros imediatamente.

5. Tenho o impulso de responder os outros no momento em que recebo um pedido de alguém.

6. É difícil para eu resistir à vontade de responder uma mensagem imediatamente.

---

(50) Disponível em: <http://www1.valor.com.br/carreira/3797130/pressao-para-responder-rapido-mensagem--de-trabalho-pode-causar-burnout>. Pressão para responder rápido mensagem de trabalho pode causar *burnout*. Publicado em 28 nov. 2014. Acesso em: 18 jan. 2018.

(51) Tecnopedagogia dos *smartphones*: a perspectiva ecológica de um Hermes supliciado. LOSCAR, Carlos Afonso Mello. In: *Comunicação e cultura digital*. Disponível em: <http://www.assibercom.org/download/Ibercom_2015_Anais_DTI-6.pdf>. Acesso em: 18 jan. 2018.

De acordo com as pesquisadoras, profissionais que responderem que "concordam" ou "concordam muito" com algum desses itens sentem altos níveis de telepressão.

Os gestores precisam estar atentos para usar bem os meios de comunicação, com respeito ao tempo de trabalho e ao tempo livre, posto que o desrespeito a este momento de descanso pode inclusive prejudicar a produtividade da empresa e gerar danos físicos e mentais aos trabalhadores.

As cobranças exageradas de metas via meios informatizados, em especial via celular, já foram objeto de análise pelo TST:

> RECURSO DE REVISTA. INDENIZAÇÃO POR DANO MORAL. **COBRANÇA DE METAS. ABUSO DO DIREITO**. ASSÉDIO MORAL (alegação de violação aos arts. 5º, X, da Constituição Federal, 927 do Código Civil, 818 da Consolidação das Leis do Trabalho e 333, I, do Código de Processo Civil). A fixação e a cobrança de metas por parte do empregador são expedientes inerentes ao controle e à direção da prestação de serviços. Com efeito, não é razoável supor que aquele que assume os riscos da atividade econômica não exija de seus empregados um patamar mínimo de resultados, que justifique o investimento empresarial. Ademais, além de contribuir com a própria sobrevivência da atividade econômica, o cumprimento de objetivos pré-estabelecidos pode ser revertido em eventuais benefícios para o próprio empregado, como promoções ou participação nos lucros e resultados da empresa. Todavia, quando o empregador, abusando de seu direito, excede os limites do poder diretivo e submete o empregado a situações humilhantes, vexatórias ou ofensivas, assume a responsabilidade de indenizar o trabalhador por ocasional ofensa ao patrimônio imaterial do obreiro. Na espécie, a Turma, soberana na análise da prova, nos termos da Súmula/TST n. 126, ressaltou "**o envio de mensagens via celular (SMS), pela ré, de cunho ameaçador e ofensivo ao autor, em especial quando cobrava o cumprimento das metas**", concluindo, pois, que restou "**comprovado o evento danoso, consistente na imposição ao autor de sistema constrangedor e excessivo de cobrança de metas, bem como no tratamento desrespeitoso desferido pelo superior hierárquico, em especial quando cobrava resultados**". Nesse contexto, ao manter a condenação da reclamada à reparação do dano moral, o Tribunal Regional julgou em consonância com o art. 927 do Código Civil. Recurso de revista não conhecido. (Grifou-se. TST-RR-528-74.2011.5.09.0001. Relator: Ministro Renato de Lacerda Paiva. DEJT 27.11.2015)

3.6. Trabalhador de aplicativos e os algoritmos

O futuro das máquinas pensantes chegou, em especial o futuro da inteligência artificial e de seus algoritmos[52]. No século XXI, os algoritmos, apesar de invisíveis, são onipresentes. Algoritmos gerenciam dinheiro, relacionamentos — de amizade até os mais íntimos —, lazer e, como não, trabalho. O trabalho tem sofrido constante intervenção e vigilância das **IAs**. Pesquisas têm demonstrado, no Brasil de 2020, o crescimento significativo do trabalho intermediado por aplicativos, estes, por sua vez, gerenciados por **algoritmos**: transporte de pessoas, refeições e documentos; serviços especializados em aulas particulares, consultas

---

(52) "Hoje, a IA está em vários lugares, mas de uma forma invisível. "Se você usa rede social, está usando inteligência artificial", diz a professora Solange Rezende. Além disso, está nos assistentes pessoais, nos aparelhos eletrônicos, no *Spotify* e logo nos carros que usaremos – os autônomos". COELHO, Carlos. "Máquina pensante desafia fronteiras da tecnologia". 17.06.2016. *Gazeta do povo*. Disponível em:<https://www.gazetadopovo.com.br/economia/inteligencia-artificial/maquina-pensante-desafia-fronteiras-da-tecnologia-bgs1ui5dcfgbwckmeqo3r38n6>. Acesso em: 20 abr. 2020.

médicas e até goleiros para viabilizar a pelada de final de semana. A lista tem crescido na proporção inversa da economia e do emprego formal.[53]

Os aplicativos, além de conectados ao trabalho informal, também têm afetado a atividade de algumas profissões: taxista, operador de *telemarketing*, corretores de bolsa de valores, entre tantas outras. Ora, nos dias de hoje, até nosso agente de viagens é um algoritmo que nos sugere rotas, passagens, estadia, seguro e locação de veículos, sendo todo o negócio celebrado via *smartphone*, sem qualquer contato humano. Mais uma profissão sob risco de extinção. Feita esta constatação, algumas questões subsistem. Qual é a participação dos onipresentes algoritmos nos serviços onde a **ação humana** é, ainda, essencial? São intermediários ou gestores de serviços? Mais importante, como é considerado o elemento humano na função e objetivos dos algoritmos?

Importante considerar ainda que, em tempos da pandemia da Covid-19, o isolamento social se tornou um privilégio de poucos. **#Fiqueemcasa**, não se contaminee, qualquer coisa, peça para entregar. Os serviços de entrega, **nestes tempos difíceis**, tornaram-se atividades essenciais e cresceram exponencialmente. A título de exemplo, a plataforma de transporte de alimentos *iFood*, que opera em mais de 1 mil cidades em todo o Brasil, recebeu, em março de 2020, 175 mil inscrições de candidatos interessados em atuar como entregadores da plataforma ante 85 mil em fevereiro do mesmo ano[54]. Completamente expostos ao risco de contaminação pelo coronavírus, entregadores de aplicativos estão encurralados entre a necessidade econômica, os riscos da atividade e uma "parceria" desigual. O trabalhador por aplicativos do século XXI tem a mesma liberdade do trabalhador da 1ª Revolução Industrial: trabalhar em ambiente de risco 10, 12[55] horas por dia para sobreviver ou não trabalhar. A ideia de "parceria" defendida pelas plataformas de aplicativos encontra ressonância com a realidade fática? A prestação de serviços é realmente marcada por total autonomia e, portanto, desonera a plataforma de qualquer responsabilidade com os riscos à saúde do trabalhador? Parecem-nos negativas as respostas. Se não, vejamos nós.

3.6.1. Algoritmo e a inteligência artificial

Esclareça-se que os algoritmos, na informática, constituem uma representação matemática de um processo para a realização de uma tarefa, tal qual uma receita de bolo[56]. Um verdadeiro passo a passo, em fluxograma estruturado, para tomada de decisões que permitirão a conclusão da tarefa. E dentre as tarefas mais executadas por aplicativos no Brasil, o

---

(53) NEDER, Vinicius. Aumento do trabalho por conta própria pode ser estrutural, relacionado a aplicativos, aponta o Ipea. *O Estado de S. Paulo*. 12 de dez. de 2019. Disponível em: <https://economia.estadao.com.br/noticias/geral,aumento-do-trabalho-por-conta-propria-pode-ser-estrutural-relacionado-a-aplicativos--aponta-ipea,70003123328>. Acesso em: 20 fev. 2020.

(54) MELLO, Gabriela. Candidatos a entregador do iFood mais que dobram após coronavírus. *Reuters*. 01.04.2020. Disponível em: <https://economia.uol.com.br/noticias/reuters/2020/04/01/candidatos-a-entregador-do--ifood-mais-que-dobram-apos-coronavirus.htm>. Acesso em: 24 abr. 2020.

(55) Só muito recentemente a UBER propôs limitar a jornada de trabalho diária do motorista em 12 horas. Disponível em: <https://www.uol.com.br/tilt/noticias/redacao/2020/03/04/uber-lanca-ferramenta-que--impede-motorista-de-dirigir-por-mais-de-12-horas.htm>. Acesso em: 20 mar. 2020.

(56) ELIAS, Paulo Sá. *Algoritmos, inteligência artificial e o direito*. Disponível em: <file:///C:/Users/home/Desktop/EU,%20ALGORÍTIMO/algoritmos-inteligencia-artificial.pdf>. Acesso em: 21 fev. 2020.

destaque tem ser reservado para o transporte de pessoas, onde é indiscutível a proeminência da Uber, gerando até o neologismo **Uberização**[57]. Aqui uma pergunta se impõe: quais são as diretrizes para o cumprimento da tarefa a que se propõe o algoritmo que rege a plataforma *Uber*, bem como de outras de igual natureza? Quais as "leis internas" que governam o fluxograma? E como essas leis consideram o elemento humano da equação: o motorista?

Isaac Asimov, ao escrever o livro *"Eu, Robô"*[58] e, obrigatoriamente, ao tratar de inteligência artificial, propôs as três leis da robótica. Importante destacar que estas leis têm um grande paradigma: o ser humano. A primeira lei determina que: "um robô não pode ferir um ser humano ou, por inação, permitir que um ser humano sofra algum mal"; a segunda estabelece que "um robô deve obedecer às ordens que lhe sejam dadas por seres humanos exceto nos casos em que tais ordens entrem em conflito com a Primeira Lei"; a terceira e última lei dispõe que "um robô deve proteger sua própria existência desde que tal proteção não entre em conflito com a Primeira ou Segunda Leis". As leis foram imaginadas como passo a passo de segurança na relação entre humanos e robôs. Na prática, tratam do relacionamento da inteligência humana com a inteligência artificial. Feito este registro, importa perguntar se tais leis teriam incidência no mundo atual dos aplicativos? Dos algoritmos? Estes considerados como base para o estabelecimento de uma inteligência artificial? Diante das evidências atuais, parece-nos negativa a resposta. Se não, vejamos nós.

A intermediação dos serviços de transporte por plataformas, com gerenciamento de serviços humanos por algoritmos, tem uma marca distintiva: a ausência de visualização de uma figura humana na gerência dos serviços. Do ponto de vista da execução de uma tarefa, qual a diferença entre uma agência física — cooperativa ou não — que oferece serviços de transporte e um aplicativo com idêntico objetivo? Não é outra senão a dificuldade de identificação de uma figura humana na gerência. A intermediação pela plataforma, entretanto, com serviço gerenciado pelo algoritmo, não elimina a figura de um gestor humano, programador ou dono da plataforma.

A falta de visualização de um gestor humano coopera com a percepção — estruturalmente equivocada — de que o motorista de aplicativo tem total autonomia no desenvolvimento do seu trabalho, já que não responde a ninguém — humanamente considerado. O motorista de aplicativo, segundo estudo detalhado do Ministério Público do Trabalho[59], tem sua atividade coordenada sim. Ponto. A obrigação no cumprimento de inúmeras regras é evidência disso[60].

---

(57) Cf. FELICIANO, Guilherme Guimarães; PASQUALETO, Olívia de Quintana Figueiredo. (Re)descobrindo o direito do trabalho: *Gig economy*, uberização do trabalho e outras reflexões. *JOTA*. 6 de maio de 2019. Disponível em: <https://www.jota.info/opiniao-e-analise/colunas/juizo-de-valor/redescobrindo-o-direito-do-trabalho-06052019>. Acesso em: 20 fev. 2020.

(58) ASIMOV, Isaac. *Eu, Robô*. Tradução Aline Storto Pereira. São Paulo: Aleph, 2014.

(59) Disponível em: <http://csb.org.br/wp-content/uploads/2019/01/CONAFRET_WEB-compressed.pdf>. Acesso em: 20 fev. 2020.

(60) Segundo André Zipperer, o motorista da Uber tem "proibição de ficar on-line na plataforma e ter uma taxa de aceitação menor do que a taxa de referência da(s) cidade(s) nas quais atua; proibição de aceitar viagens e ter uma taxa de cancelamento maior do que a taxa referência da(s) cidade(s) nas quais atua (...)". ZIPPERER, André Gonçalves. *A intermediação de trabalho via plataformas digitais*: repensando o direito do trabalho a partir das novas realidades do século XXI. São Paulo: LTr, 2019. p. 78.

3.6.2. Uberização e as leis dos algoritmos

Os serviços intermediados por plataformas, nos dias de hoje, desconectaram-se dos ideais que pautaram os primórdios da chamada economia de compartilhamento. O ideal — romântico — de uso compartilhado e sem custo de furadeiras, bicicletas e outros bens ociosos, permaneceu... romântico. O poder multiplicador da *internet* "transformou pequenos grupos de compartilhamento com foco comunitário e sem fins lucrativos em... pequenos grupos de compartilhamento com foco comunitário"[61]. Os aplicativos que nasceram sob o ideal de compartilhamento sem ônus seguem hoje a lógica do ditado popular inglês: "o que é seu é meu, o que é meu é meu". A título de exemplo, os serviços de entrega já não mais simbolizam "uma ajuda entre vizinhos"; tornaram-se aplicativos onde o lucro é auferido através do trabalho barato e sem condições de segurança, onde a "economia dos bicos" prevalece.

Precursores da economia de compartilhamento não aceitam a *Uber* como parte do movimento, mas, como já exposto alhures, inevitável reconhecer que a plataforma, quer pelo protagonismo quer pelo gigantismo, tornou-se a grande referência da economia de compartilhamento, dando origem ao neologismo Uberização. Nos aplicativos disponíveis *on-line* encontramos o *"uber disso"* e *"uber daquilo"* em verdadeira pletora de serviços variados. Na prestação de serviços, entretanto, não há o compartilhamento efetivo de lucros e custos do empreendimento.

Apesar das plataformas defenderem a ideia de trabalho por conveniência dos "parceiros", podendo estes trabalhar quando e quanto quiserem, esta "liberdade" conflita com o dever de cumprir objetivos definidos na programação do serviço, como fazer um número mínimo de corridas — estas sem limite máximo —, bem como não poder exceder determinado limite de cancelamento de viagens[62], tudo isso decidido de forma unilateral pelo algoritmo. A liberdade de decidir é a mesma para qualquer outro desempregado diante da oferta de um emprego aquém das suas expectativas: submissão, subordinação ou o mundo sem trabalho.

Os algoritmos que ditam o processo de precarização do trabalho humano são regidos por leis internas. Não há, entretanto, a preponderância do paradigma humano. Nestas leis, diferentemente das de Asimov, o homem não é o protagonista. Segundo as evidências do passo a passo dos algoritmos, no Brasil, pode-se inferir a adoção também de três leis, que, em essência, parecem ditar que: 1ª - *o algoritmo deve coordenar o passo a passo do serviço humano, com eficiência, para que a tarefa final seja cumprida e repetida em número sempre crescente; 2ª - toda coordenação dos serviços humanos deverá ser processada de forma indetectável, sendo reiteradamente informada a condição de "parceiro" ao prestador-humano, bem como ao tomador de serviços; 3ª - a execução da 1ª e 2ª leis ocorrerá independentemente de prejuízos materiais ou pessoais do prestador-humano.* Nesta última norma, temos a irrelevância, para o cumprimento da tarefa, dos custos (depreciação do veículo, valor do

---

(61) SLEE, Tom. *Uberização:* a nova onda do trabalho precarizado. Tradução de João Peres. São Paulo: Editora Elefante, 2017. p. 14.

(62) ZIPPERER, André Gonçalves. *A intermediação de trabalho via plataformas digitais:* repensando o direito do trabalho a partir das novas realidades do século XXI. São Paulo: LTr, 2019. p. 78.

combustível, multas, acidentes etc.) e, em especial, **riscos à saúde em tempos de pandemia suportados exclusivamente pelo prestador de serviços humano**.

Abstraídas as leis acima presumidas, poderá se defender que ninguém está obrigado a ter o seu trabalho gerenciado por um aplicativo ou, mesmo trabalhando, que não está obrigado a se submeter às suas exigências, em especial a arriscar contaminação pela Covid-19 em uma longa rotina de trabalho para ter renda suficiente para subsistir. Ora, a liberdade de decidir é a mesma de qualquer desempregado diante da oferta de um emprego: submissão ou o mundo sem trabalho. O trabalhador por aplicativos, em tempos de pandemia, tem a mesma liberdade do trabalhador da 1ª Revolução Industrial: **trabalhar em ambiente com riscos à sua saúde para sobreviver ou não trabalhar**.

Aqui se faz necessária definição de uma fronteira, o estabelecimento de um limite. Apesar do vínculo de emprego ser de difícil visualização quando o serviço é gerenciado por um algoritmo invisível[63], apesar de serem variadas as rotinas de cada prestador de serviço — em linhas de diferença tênue tais quais aquelas que separaram um vendedor empregado de um vendedor autônomo —, apesar de não serem necessariamente aplicáveis as normas da CLT, é certo que o trabalhador de aplicativo não é um sujeito desprovido de direitos. Tem direitos fundamentais, entre eles o da dignidade da pessoa humana e de sadia qualidade de vida no meio ambiente do trabalho. A linha dessa fronteira deve ser o reconhecimento de um piso vital mínimo de direitos, bem como de responsabilidade da plataforma com a higidez do meio ambiente de trabalho do obreiro.

3.6.3. O meio ambiente do trabalho em tempos de pandemia

Como já observado em outra oportunidade na obra "Meio ambiente do trabalho: direito fundamental"[64], o conceito de meio ambiente amplonão está adstrito ao local, ao espaço, ao lugar onde o trabalhador exerce suas atividades. **Ele é constituído por todos os elementos que compõem as condições (materiais e imateriais, físicas ou psíquicas) de trabalho de uma pessoa.**

Mais importante, o conceito de trabalho humano ou de trabalhador, para fins da definição do meio ambiente do trabalho, não está atrelado necessariamente à uma relação de emprego subjacente e sim à uma atividade produtiva. **Todos aqueles que prestam trabalho** têm o direito fundamental de realizá-lo em um local seguro e saudável, nos termos do art. 200, VIII, c/c art. 225 da CF/88, **tanto o empregado clássico quanto os trabalhadores autônomos, terceirizados, informais, eventuais e outros**. Todos, enfim, que disponibilizam sua energia física e mental para o benefício de outrem, inseridos em uma dinâmica produtiva. O conceito de meio ambiente do trabalho deve abranger, sobretudo, as relações interpessoais — relações subjetivas —, especialmente as hierárquicas e subordinativas, pois a defesa desse bem ambiental espraia-se, em primeiro plano, na totalidade de reflexos na saúde física e mental do trabalhador.

---

(63) Disponível em: <http://www.stj.jus.br/sites/portalp/Paginas/Comunicacao/Noticias/Motorista-de-aplicativo-e-trabalhador-autonomo--e-acao-contra-empresa-compete-a-Justica-comum.aspx>. Acesso em: 26 fev. 2020.

(64) MELO, Sandro Nahmias. *Meio ambiente do trabalho*: direito fundamental. São Paulo: LTr, 2001.

Assim, ainda que prevalente as ideias — desconectadas da realidade — de "parceria", de autonomia total na prestação de serviços do trabalhador de aplicativo, este tem direito à sadia qualidade de vida no meio ambiente do trabalho, incumbindo à plataforma o dever de zelar pelas condições de saúde e segurança no desenvolvimento da tarefa. Neste sentido, decisão judicial em ação civil pública, com abrangência nacional, obrigou as plataformas *iFood* e *Rappi* a fornecerem materiais de higienização aos entregadores de mercadorias e refeições. Além disso, as empresas foram obrigadas a oferecer espaços para a higienização de veículos, *bags* que transportam as mercadorias, capacetes e jaquetas, bem como credenciar serviços de higienização. Por fim, a decisão determinou que as plataformas digitais repassassem o equivalente à média dos valores diários pagos nos 15 dias anteriores à decisão, garantindo, pelo menos, o pagamento de um salário mínimo mensal. A medida compreendeu trabalhadores que integram grupo de alto risco (como os maiores de 60 anos, os portadores de doenças crônicas, imunocomprometidos e as gestantes) ou aos afastados por suspeita ou efetiva contaminação pelo vírus[65].

O risco do trabalho desenvolvido em serviços de entrega durante a pandemia não é pequeno. O depoimento de trabalhador desta área é revelador:

> "Minha mãe a todo momento me pede para parar: 'Para, para, para'. Insiste nessa ideia de eu parar, e eu insisto na ideia de que preciso continuar trabalhando", desabafa o entregador que começou uma mobilização para que as empresas de aplicativo distribuam álcool em gel e alimentação aos entregadores. Com medo de contrair o vírus na rua e levá-lo para a filha de 2 anos e a avó debilitada, de 86, Paulo vê-se encurralado diante da necessidade e do risco."[66]

Esta realidade aguda, entretanto, como apontado alhures, não encontra sensibilidade humana na gestão do serviço realizado**por um algoritmo**:

> "No último dia 21, data do seu aniversário de 31 anos e, em meio à crise do coronavírus, Paulo teve um problema, não conseguiu dialogar com o robô da *Uber Eats* e acabou bloqueado pelo *app*. 'Um robô não é um ser orgânico, humano, que vai entender todas as situações, que é o aniversário do motoboy, por exemplo, que o motoboy precisa muito e que informou sobre o ocorrido. Eles não querem saber, simplesmente veem a automatização e bloqueiam', diz. Além dessa empresa, há cerca de 9 meses o rapaz também faz entregas para o *iFood* e *Rappi*."[67]

Conclui-se, após as digressões supra, que o direito à sadia qualidade de vida **de todo trabalhador, empregado ou não** (art. 225 c/c inc. VIII, art. 200 CF/88) **se estende ao trabalhador de aplicativos, em especial em tempos de pandemia**. Aqui deve prevalecer, na obrigação das plataformas em prover EPIs e condições seguras de trabalho, o princípio

---

(65) *Agencia Brasil*, 05 abr. 2020. Disponível em: <https://economia.uol.com.br/noticias/redacao/2020/04/05/apps-de-comida-devem-garantir-assistencia-a-entregadores-contaminados.htm>. Acesso em: 20 abr. 2020.

(66) *Change.org*, 1º abr. 2020. Realidade da pandemia encurrala *motoboys* de aplicativos de *delivery*. Disponível em: <https://www.huffpostbrasil.com/entry/delivery-motoboy_br_5e83fbd8c5b6871702a699cd>. Acesso em: 20 abr. 2020.

(67) *Idem*.

ambiental da prevenção.Defende-se, ainda, que próprio inc. XIII, art. 7º da Constituição da República estabelece a diretriz de que todo o trabalhador tem direito a uma jornada de trabalho com limite diário. **O limite constitucional de 8 horas diárias deve ser observado para o trabalhador de aplicativos, implicando, portanto, no exercício do direito à desconexão.**

3.7. Duração do trabalho e o Direito do Trabalho

O direito à desconexão do trabalho é reflexo do limite de uma jornada de trabalho. A gênese do Direito do Trabalho, por sua vez, está indissociavelmente ligada ao início da luta pelo direito à uma jornada de trabalho com limite. Note-se que, como já observado alhures, o meio ambiente do trabalho não está adstrito ao local, ao espaço, ao lugar onde o trabalhador exerce suas atividades. Ele é constituído por todos os elementos que compõem as condições (materiais e imateriais, físicas ou psíquicas) de trabalho de uma pessoa. Entre estes elementos, sobreleva-se em importância a dimensão da **jornada de trabalho diária** exigida de um trabalhador.

Historicamente, sabe-se que as doenças dos trabalhadores aumentaram em proporção direta à evolução dos meios de produção, cujo marco é a primeira Revolução Industrial (o industrialismo). Neste período, onde predominavam as condições degradantes de trabalho, mortes e acidentes cresceram em proporções alarmantes. Para este quadro contribuía diretamente a inexistência de **um limite legal para duração da jornada de trabalho.**

É nesse cenário que são estabelecidas as bases da formação do direito do trabalho, com marco na legislação inglesa entre os anos 1833 e 1853, entre eles o *Factory Act* (1833). A referida Lei proibiu o emprego de menores de 9 anos, limitou a jornada diária de menores de 13 anos a 9 horas, dos adolescentes de menos de 18 anos a 12 horas, proibiu o trabalho noturno e, acompanhando-a, foram nomeados, dada à necessidade de fiscalização do cumprimento das normas, quatro inspetores de fábrica. **A preocupação com o estabelecimento de limite às jornadas de trabalho era evidente** (NASCIMENTO, 2011, p. 34).

Esta tendência intervencionista estatal, visando à melhoria das condições de trabalho do proletariado, marcou a segunda metade do século XIX em várias regiões da Europa, principalmente na França e Alemanha. Destaque especial para a Constituição do México de 1917 e a Constituição de Weimar — Alemanha — de 1919, ambas tutelando expressamente direitos trabalhistas. A Constituição do México, em seu artigo 123, estabeleceu limites **claros à duração de trabalho**: jornada diária de 8 horas; a jornada máxima noturna de 7 horas; a proibição do trabalho de menores de 12 anos; a limitação da jornada de menor de 16 anos para 6 horas e o descanso semanal.

A tendência mundial de proteção e melhoria das condições de trabalho ficou firmada com a criação da OIT (Organização Internacional do Trabalho) em 1919, órgão cuja Constituição registra, em seu preâmbulo, que "existem condições de trabalho que implicam para grande número de indivíduos, miséria e privações, e que o descontentamento que daí decorre põe em perigo a paz e harmonia universais..." (SÜSSEKIND, 1994, p. 51). Frise-se que, já na primeira reunião da OIT, no ano de 1919, foram adotadas seis convenções, com o escopo de resguardar a saúde e o trabalho digno dos obreiros, tratando entre outros pontos da necessidade de limitação à jornada de trabalho (OLIVEIRA, 2011, p.58). **A conquista de um limite à jornada de trabalho, à duração do trabalho é, como já exposto, base da gênese do próprio direito do trabalho.**

O registro histórico supra é necessário, em especial quando temos, em pleno século **XXI**, crescente defesa, por parte de grandes grupos econômicos, da necessidade de trabalho por **12 horas** por dia, em **seis dias** por semana. A título de exemplo, o fundador do conglomerado Alibaba Group (Ali Express), Jack Ma é defensor de um modelo de trabalho que chama de **996. Esse modelo consiste em trabalhar das nove da manhã até as nove da noite, seis dias por semana.**No Brasil, este modelo foi defendido em redes sociais pelo administrador de empresas e publicitário Walter Longo, ex-presidente do Grupo Abril[68].

Como pano de fundo do **modelo 996** — em retrocesso social — está, tal como foi no século XIX, o **desemprego**. O desemprego relacionado às crises econômicas recorrentes e o desemprego decorrente de avanços tecnológicos, de sumária extinção de profissões e/ou postos de trabalho[69].

Em termos sucintos, como se falar em direito àlimite de duração do trabalho quando este, durante crises econômicas recorrentes, é escasso?

A resposta só pode ser uma: a eventual redução do número de empregos não autoriza o retrocesso social. Ponto. Esta é razão pela qual a Constituição Federal limitou a duração da jornada de trabalho (inc. XIII, art. 7º). Definiu uma fronteira para o trabalhador ter tempo para seu lazer e descanso em contraponto ao trabalho em tempo integral estimulado pelo uso das novas tecnologias e por um capitalismo feroz.

3.7.1. Tutela constitucional

A fixação de um limite para duração de jornada de trabalho há muito é uma preocupação constitucional.

A Carta Constitucional brasileira de 1934, influenciada pelo constitucionalismo social da Constituição de Weimar, estabeleceu o limite de 8 horas diárias de trabalho, bem como o direito a descanso semanal remunerado.

---

(68) Disponível em: <https://quicando.blogosfera.uol.com.br/2019/04/18/as-pessoas-nao-acreditaram-que--alguem-achou-legal-o-modelo-de-trabalho-996/?cmpid>. Acesso em: 19 abr. 2019.

(69) Almir Pazzianotto decretou que "no próximo século, uma das questões mais complexas resultará da existência de super população mundial, angustiada pela escassez de espaços e de reduzidas oportunidades de trabalho". In: Prefácio da obra de AGUIAR, Antonio Carlos. *Direito do Trabalho 2.0:* Digital e disruptivo. São Paulo: LTr, 2018. Segundo relatório do Fórum Econômico Mundial (WEF), publicado em DAVOS em 2016, o processo de desenvolvimento **da robótica**, da **inteligência artificial** e da biotecnologia deve **eliminar 7,1 milhões** de empregos durante os próximos cinco anos, nas maiores economias mundiais. O relatório "O Futuro dos Empregos" conclui ainda que, apesar de o impacto das perdas variar consideravelmente em cada área, postos de trabalho serão perdidos em todos os setores da indústria — principalmente na saúde, devido ao aumento da telemedicina, e nos setores de energia e serviços financeiros. (Disponível em: <https://oglobo.globo.com/economia/tecnologia-pode-acabar-com-5-milhoes-de-empregos-no-mundo-ate-2020-18498564>. Acesso em: 18 jan. 2019)

Da mesma forma, a **Constituição de 1946**, em razão do art. 157, inciso V, estabelecia que a duração do trabalho diário não poderia exceder oito horas, mas assumia a possibilidade de casos e condições excepcionais que fossem previstos em lei. O contexto normativo então prevalente por mais de quarenta anos comportava raciocinar em torno da ideia de regime ou regra geral de horário, de um lado (no plano constitucional), e regime ou regra especial de outro (no plano infra), tanto que estavam ressalvados os casos especiais previstos, que o seriam por lei.

A Constituição de 1967/69 assegurava aos trabalhadores, conforme redação disposta no art. 158, além de outros direitos que visassem à melhoria da sua condição social, "duração diária do trabalho não excedente a oito horas, com intervalo para descanso, **salvo casos especialmente previstos**" (inciso VI – sem grifos no original).

A limitação da jornada, e, portanto, a duração do trabalho, é tema inserido como direito materialmente fundamental de conteúdo trabalhista. Nesse sentido, há no Título II da atual Constituição, sem prejuízo de outros direitos que possam melhorar a condição social dos trabalhadores, a previsão no art. 7º da "**duração do trabalho normal não superior a oito horas diárias e quarenta e quatro semanais, facultada a compensação de horários e a redução da jornada, mediante acordo ou convenção coletiva de trabalho**" (inciso XIII).

Ora, apesar da Constituição atual preconizar o direito fundamental social ao trabalho (art. 6º), este não pode ser associado — em dimensão de tempo — a uma atividade exclusiva. "Pode-se afirmar que se há um direito constitucional ao trabalho, também há um direito de não estar intensamente disponível para o trabalho" (PORTO, 2017, p. 294). Entende-se, como defendido pelo Papa João Paulo II, que "o trabalho constitui uma dimensão fundamental do homem sobre a terra"[70], mas que, essencialmente, "**antes de mais nada o trabalho é 'para o homem' e não o homem 'para o trabalho'**"[71]. **Em síntese, o trabalho não pode ser um fim em si mesmo**, e o **direito ao não trabalho** tem como titular não "só quem trabalha, mas, igualmente, a própria sociedade, aquele que não consegue trabalho, porque outro trabalha excessivamente, e os que dependem da presença humana do que lhes abandonam na fuga ao trabalho..." (SOUTO MAIOR, 2003, p. 2).

Observe-se, por relevante, que o limite à duração do trabalho defendido constitucionalmente não equivale a trabalhar pouco e sim a trabalhar com limites de duração razoáveis, em níveis nos quais estarão sendo resguardados os **direitos à saúde, ao lazer e à vida em família**. E este é o tripé de direitos constitucionais conexos que justificam a limitação da jornada de trabalho estabelecida constitucionalmente (inc. XIII, art. 7º da CF/88). O direito à saúde principalmente.

Para Sarlet (2009),o direito àsaúde é considerado como principal direito fundamental social diretamente relacionado ao princípio da dignidade da pessoa humana. Esse direito possui dimensões, no sentido (positivo) que o Estado se obriga a fornecer aos cidadãos uma prestação concreta, bem como tem o dever (dimensão negativa) de não prejudicar a saúde das pessoas. Tratando-se de direito fundamental, as normas que regulamentam o direito àsaúde não podem retroceder.

---

(70) *Encíclica Laborem Exercens*. In:"Encíclicas do Papa João Paulo II", p. 98.

(71) Papa João Paulo II, *Encíclica Laborem Exercens*, in "Encíclicas do Papa João Paulo II", p. 111.

É direito fundamental por sua previsão constitucional e ainda dada sua relevância para vida e dignidade humana. **O trabalho desenvolvido sem limites de duração temporal torna impossível o exercício do direito à saúde**.

Importa mencionar que a saúde não se resume àausência de doenças ou acesso a tratamentos e medicamentos, a saúde pressupõe, por exemplo, acesso a uma boa alimentação, em qualidade e quantidades suficientes, bem como condições de um trabalho decente.

O direito àsaúde está previsto por meio de diversos artigos constitucionais, quais sejam: arts. 5º, 6º, 7º, 21, 22, 23, 24, 30, 127, 129, 133, 134, 170, 182, 184, 194, 195, 197, 198, 199, 200, 216, 218, 220, 225, 227 e 230.

Como exposto alhures, a base jurídica do direito auma jornada de trabalho com duração limitada está fundamentada em vários direitos constitucionais conexos, em especial, **os direitos à saúde, ao descanso e ao lazer**. Relaciona-se, ainda, com a dignidade da pessoa humana e o meio ambiente sadio e equilibrado (art. 225), neste compreendido o do trabalho (inc. VIII, art. 200).

O direito ao lazer, como base legitimadora do direito à duração limitada à jornada de trabalho, encontra-se assegurado na Constituição Federal, em seu art. 6º, a todos os cidadãos. Entretanto, a atual organização social e a introdução de novas tecnologias afetas àrelação laboral têm prejudicado o gozo desse direito por grande parcela dos trabalhadores, prejudicando a sua vida social, sua saúde, sua intimidade e sua vida familiar. Note-se que o direito ao lazer só é exercitável quando há limite na duração da jornada de trabalho de um obreiro. Jornadas de trabalho longas e extenuantes tornam inviável o exercício do direito ao lazer.

O lazer significa um tempo a ser desfrutado pelo trabalhador a seu critério, um tempo para que o referido descanse, desfrute com a família e tenha vida social, **totalmente desligado** de suas funções laborais (OLIVEIRA, 2015).

Segundo Gomes (2015), o repouso foi considerado sinônimo de lazer até o século XX, quando o lazer teve seu significado estendido, abrangendo atividades com respeito às necessidades do corpo e do espírito. O descanso libera da fadiga, enquanto que o lazer repara deteriorações físicas e nervosas das obrigações do cotidiano e do trabalho, ou seja, recuperação da fadiga física ou nervosa e liberação de tensões.

Lazer, na acepção de Dumazedier (GOMES, 2015), é o conjunto de ocupações às quais o indivíduo pode entregar-se de livre vontade, seja para repousar, seja para divertir, recrear e entreter ou, ainda, para desenvolver sua formação ou informação desinteressada, sua participação social voluntária ou sua livre capacidade criadora após livrar-se ou desembaraçar-se de suas obrigações profissionais, familiares e sociais.

Esse direito, constitucionalmente reconhecido, precisa ser garantido pelo Estado, por isso é necessário que o mesmo atue, por exemplo, regulamentando o uso das novas tecnologias, para que seu uso não interfira no gozo por parte do trabalhador de seu direito fundamental ao lazer.

O direito ao lazer está ligado diretamente à dignidade da pessoa humana e o próprio direito àsaúde, vez que a ausência de descanso prejudica a saúde física e mental do ser humano.

O tempo livre é, segundo Oliveira (2015), uma das principais fontes de criação artística e pensamento filosófico, o que pode ser observado ao longo da história. Na Grécia antiga, o tempo livre definiu o desenvolvimento da cultura, da ética e da moral ocidental, os cidadãos tinham direito a um tempo para se dedicar ao ócio e para criação. Entretanto, esse ócio não é similar ao lazer, direito do trabalhador de hoje, o ócio era substituto do trabalho, que nessa época era realizado pelos escravos, enquanto o direito ao lazer pressupõe o trabalho, não o suprime.

O direito ao lazer está associado ao próprio direito àvida, é necessário à preservação do ser humano e ainda a sua inclusão social, **trata-se de corolário do direito à duração limitada de jornada de trabalho.**

A necessidade de descanso, além de ser fisiológica, posto que trabalhador cansado está mais propenso a acidentes e a doenças, é ainda sociológica e econômica.

A atividade do homem, segundo Martins (2008), restrita como sua natureza, tem limites que não podem ser ultrapassados. **Por isso, o trabalho não deve se prolongar por mais tempo que as forças permitem, de tal modo que o repouso deve ser proporcional à qualidade do trabalho, às circunstâncias de tempo e lugar, bem como a compleição e saúde dos operários.**

O direito fundamental àsaúde é direito básico diretamente ligado à vida e à integridade física, e pressupõe não apenas a ausência de doenças, conforme já mencionado, mas importa em qualidade de vida, completo bem-estar físico e mental. Assim, o descanso e o lazer são fundamentais ao cuidado com a saúde e a dignidade da pessoa humana.

O objetivo da Constituição, ao limitar a jornada de trabalho (inc. XIII, art. 7º), foi conferir ao trabalhador tempo para seu lazer e descanso em contraponto ao trabalho em tempo integral estimulado pelo uso das novas tecnologias.

Segundo Oliveira (2010), o lazer requer tempo disponível livre de obrigações cotidianas e das condições necessárias à realização de suas experiências, condições que não podem ser garantidas pelo próprio indivíduo, mas dependem de uma ação coordenada de toda a sociedade, envolvendo o Governo, as empresas, os sindicatos, as famílias e as instituições de ensino.

Ressalte-se que o lazer é direito social de todos os trabalhadores, subordinados ou não, aí incluídos os ocupantes de altos cargos, trabalhadores externos e teletrabalhadores, não sendo razoável ou mesmo constitucional a exclusão destas profissões do regime geral de jornada de trabalho, nos termos dos incisos do art. 62 da CLT. **Em síntese, nos termos do inciso XIII, do art.** 7º da CR, todos os trabalhadores têm assim direito à**limitação de jornada de trabalho.**

3.7.2. O art. 62 da CLT — descompasso com a realidade e com a Constituição

De extrema relevância a análise da norma que, ao longo das décadas, foi limitadora do direito atualmente insculpido no inc. XIII, art.7º da CF: o art. 62 da CLT.

Como então interpretar a restrição de direito protagonizada, em nível infraconstitucional, pelo art. 62 da CLT? Ainda encontraria guarida constitucional? A resposta parece-nos negativa.

Note-se que quanto à temática da limitação da jornada, a Constituição de 1967/69 assegurava aos trabalhadores, conforme redação disposta no art. 165, além de outros direitos que visassem à melhoria da sua condição social, "duração diária do trabalho não excedente a oito horas, com intervalo para descanso, salvo casos especialmente previstos" (inciso VI). Aliás, também a Constituição de 1946, em razão do art. 157, inciso V, estabelecia a regra da duração do trabalho diário não excedente de oito horas, mas assumia a possibilidade de casos e condições excepcionais que fossem previstos em lei. Aquele contexto normativo autorizava o entendimento de existência de um regime geral de horário, de um lado (no plano constitucional), e regime especial, regulamentado por norma infraconstitucional, tanto que estavam ressalvados os casos especiais previstos, que o seriam por lei. Esta possibilidade interpretativa, com a Constituição de 1988, não mais persiste.

A Constituição de 1988 (art. 7º, inc. XIII), estabelecida sob um novo paradigma, não alberga a exceção dos casos excepcionais, ou seja, não deu continuidade a essa relação entre regra geral de horário, constitucional, e regime ou regra especial como matéria infraconstitucional.

A mudança estabelecida pela Constituição de 1988 não fez superar, entretanto, persistências nas práticas, sobretudo judiciárias, que bloqueiam a concretização das novas propostas sociais-trabalhistas. Nesse sentido, as exclusões promovidas pelo art. 62 da CLT, com sua redação originária, foram consideradas, em grande extensão tanto pela doutrina quanto pela jurisprudência, compatíveis com a nova Constituição, vale dizer, como se ainda fosse possível afastar da garantia da duração de jornada alguns "casos especiais" (PORTO, 2009).

Abstraída a mudança redacional entre as Constituições de 1967/69 e a de 1988, atualmente, sob todos os prismas eventualmente analisados, estamos diante de uma norma (art. 62 da CLT) desconectada do contexto da realidade social brasileira. Estamos diante de uma verdadeira lacuna ontológica, posto que as diretrizes dos incisos do art. 62 da CLT são anacrônicas. Se não, vejamos nós.

Pergunte-se: atualmente, qual o empregado exerce atividade externa incompatível com a fixação de horário de trabalho (inc. I, art. 62)? Ou seja, qual o empregado externo que não pode ter sua jornada de trabalho controlada pelo empregador? A resposta, em tempos de *smartphone*, é: nenhum. Além de constituir lacuna ontológica, esta norma não foi recepcionada pela Constituição atual.

Não há justificativa, tampouco, para negar-se direito à saúde e lazer aos gerentes (inc.II, art. 62).

Noemia Porto entende que "considerar a Constituição como uma regra geral tem mantido abertas as possibilidades de abuso, sem respostas adequadas do direito". Prossegue a referida autora alertando que:

> O art. 62 da CLT não prevê explicitamente em sua redação que os trabalhadores inseridos naquelas situações funcionais trabalharão para além de 44 horas semanais. Embora não o declare, é isso materialmente que a norma infraconstitucional possibilita. Não se pode considerar que seja constitucional o dispositivo em relação ao disposto no art. 7º, inciso XIII, precisamente porque representa a subtração

da garantia do limite de jornada em relação a tais trabalhadores. Além dessa contradição, é necessário considerar o que, materialmente, ocorre no mundo da vida, quanto aos excessos e abusos que têm orbitado cotidianamente os contratos de trabalho. (PORTO, 2009)

Por derradeiro, o novel inc. III, do art. 62 da CLT, acrescido pela Lei n. 13.467/2017, posterior ao inc. XIII, art. 7º da CF/88, também está em claro descompasso com a realidade tecnológica atual.

Conforme já apontado alhures, o excesso de conectividade, em especial nas relações de trabalho, é diretamente proporcional ao volume de labor desenvolvido. **Os meios informatizados — vinculados a uma atividade de trabalho — ainda que, potencialmente, possam estabelecer maior flexibilidade na rotina do trabalhador, ampliam, sobremaneira, a possibilidade de fiscalização do trabalho diário do mesmo.**

Assim, defende-se o **total** descompasso da nova norma celetista (inc. III, do art. 62) com o **contexto fático-social atual**; constituindo verdadeiro anacronismo (apesar de recente a norma) e, ainda, conflito direto com direitos fundamentais previstos na Constituição da República, entre eles o da **sadia qualidade de vida no meio ambiente do trabalho**, o **descanso**, o **lazer**, entre outros. **Reitere-se: com os modernos meios de comunicação todas as atividades são suscetíveis ao controle de jornada, ainda que preponderantemente externas. Desconsiderar os avanços tecnológicos implica em fechar os olhos para a realidade.**

Entendem Muniz e Rocha que:

> (...) é perfeitamente viável aplicar ao teletrabalhador as normas sobre jornada de trabalho, quando estiver em conexão permanente com a empresa que lhe controla a atividade e o tempo de trabalho. Afinal, essa é a regra, ao passo que o inciso I do artigo 62 da CLT é a exceção. **Não há incompatibilidade entre o teletrabalho e a jornada extraordinária.** (ROCHA e MUNIZ, 2013, p.111 – grifou-se)

Neste mesmo sentido, observa Vólia Bomfim Cassar:

> Há forte presunção de que teletrabalhador não é fiscalizado e, por isso, está incluído na exceção prevista no art. 62, I, da CLT. Se, todavia, o empregado de fato for monitorado por webcâmera, intranet, intercomunicador, telefone, número mínimo de tarefas diárias etc., terá direito ao Capítulo "Da Duração do Trabalho", pois seu trabalho é controlado. Aliás, o parágrafo único do art. 6º da CLT é claro no sentido de que 'Os meios telemáticos e informatizados de comando, controle e supervisão se equiparam, para fins de subordinação jurídica, aos meios pessoais e direitos de comando, controle e supervisão do trabalho alheio'. (CASSAR, 2012, p. 712).

Diferentemente do que dispõe a presunção do inc. III, do art. 62 da CLT, a condição de teletrabalhador não afasta, **por si só**, a possibilidade de fiscalização do horário de trabalho por parte do empregador. Tampouco o uso de instrumentos de informática – vinculados a uma rotina laboral a distância – implica, necessariamente, em trabalho realizado. Martins (2012, p. 101) evidencia que "o fato de o trabalhador prestar serviços na sua residência não quer dizer que trabalha todo o tempo", destacando que "a circunstância de o computador estar aberto e conectado também pode não dizer que ao trabalhar está prestando serviços para a empresa". Importante ressaltar que o mero *log in* ou *log out* de um trabalhador no sistema informatizado designado para o exercício da atividade laborativa não implica, necessariamente, em efetivo labor despendido. O trabalhador pode estar conectado ao sistema e não se encontrar laborando. Dessa forma, o direito do teletrabalhador à percepção de adicional de horas extras estará condicionado à prova de que seu horário de trabalho era efetivamente fiscalizado/controlado pelo empregador, com realização de atividades específicas.

Destaque-se que a jurisprudência, quanto à impossibilidade de controle de jornada, mesmo no caso da hipótese de trabalho externo (inc. I, do art. 62 da CLT), tem entendido tratar-se de presunção relativa:

> TRABALHADOR EXTERNO. CONTROLE DA JORNADA DE TRABALHO. Ao indicar os trabalhadores que exercem atividade externa como não sujeitos à regência das regras sobre jornada de trabalho, a CLT cria apenas uma presunção juris tantum de que tais empregados não estão submetidos, no cotidiano laboral, à fiscalização e ao controle de horário, não se sujeitando, pois à regência das regras sobre jornada de trabalho. Tal presunção pode ser elidida mediante prova em contrário, que demonstre um mínimo de fiscalização e controle por parte do empregador sobre a prestação concreta dos serviços ou sobre o período de disponibilidade perante a empresa. No caso vertente, restou evidenciado, de acordo com o acórdão regional, que existia atividade externa, mas compatível com o controle de horário, visto que a Reclamada detinha condições de acompanhar e registrar a jornada de trabalho, mediante a exigência de preenchimento de 'relatórios de visitas' pelos vendedores, nos quais constava o horário das visitas e o período gasto com deslocamento e alimentação, os quais eram elaborados na empresa após as 17 horas. Tais circunstâncias evidenciam que vigorava uma condição de controle, suficiente para exclui-lo da exceção do art. 62, I, da CLT. Recurso de revista não conhecido, no aspecto. (...) Processo: RR – 1839100-75.2005.5.09.0028. Data de Julgamento: 30.03.2011, relator Ministro: Mauricio Godinho Delgado, 6a Turma, Data de Publicação: DEJT 08.04.2011.

> RECURSO DE REVISTA – HORAS EXTRAORDINÁRIAS – MOTORISTA – TRABALHO EXTERNO – FIXAÇÃO DE JORNADA – POSSIBILIDADE. Para o enquadramento do empregado como trabalhador externo, inserido nas disposições do art. 62, I, da CLT, é *conditio sine qua non* que o obreiro exerça atividade fora do estabelecimento comercial da empresa e haja incompatibilidade com a fixação de horário de trabalho. Anote-se que não é a ausência de controle de jornada que caracteriza a exceção do art. 62, I, da CLT, mas a impossibilidade de fixação de horário de trabalho, hipótese que não ocorreu nos presentes autos. No caso, o Tribunal Regional consignou expressamente que a reclamada dispunha de equipamentos de rastreamento via satélite, tacógrafo, sistema de comunicação por telefone, os quais, em conjunto, permitiam aferir a precisa localização do veículo conduzido pelo empregado e possibilitavam a fixação de horário de trabalho e o controle da jornada praticada pelo autor. Conclui-se, pois, que a reclamada possuía meios de controlar a jornada de trabalho do autor. Logo, afigura-se devido o pagamento das horas extraordinárias. Recurso de revista conhecido e provido. (TST – RR: 132319201150300431323-19.2011.5.03.0043, Relator: Luiz Philippe Vieira de Mello Filho, Data de Julgamento: 13.11.2013, 7ª Turma, Data de Publicação: DEJT 18.11.2013).

Assim como os incisos I e II do art. 62 da CLT, a norma do inc. III, do art. 62, da CLT, acrescida pela Lei n. 13.467/2017, está em descompasso com a realidade social, além **de inconstitucional** posto que conflitante com os direitos fundamentais à saúde, ao lazer (art. 6º da CR) e limitação da duração da jornada de trabalho (inc.XIII, art. 7º da CR).

3.8. O Direito à desconexão

Tempos Modernos. **O futuro chegou.** De todos os futuros possíveis previstos em filmes e livros, poucos foram tão proféticos quanto o do filme de Chaplin. Destaque especial para vaticínio feito pela cena na qual uma linha de produção é fiscalizada por câmeras e controlada por ordens vociferadas através de enormes monitores. Uma única diferença para os dias atuais: no filme, as câmeras e monitores não acompanhavam Chaplin até sua casa; já hoje estes dispositivos estão nas bolsas e/ou bolsos dos trabalhadores e vão para residências, praças, *shoppings*. O céu não é o limite.

Nós entramos na era do hiper-trabalho, ilustrado pelo acrônimo ATAWAD, para *AnyTime, AnyWhere, AnyDevice*. O equilíbrio da vida profissional e pessoal está se tornando um dos principais tópicos da sociedade. Com as novas tecnologias, esta fronteira está desaparecendo gradualmente.

Se considerarmos a atual média elevada diária de *e-mails* e mensagens instantâneas recebidos por um trabalhador, este gastará várias horas do seu dia apenas gerenciando sua comunicação. Uma overdose que penaliza a todos. É hora de lidar com essa avalanche informacional, os profissionais caíram na hiper-conexão. As empresas agora estão sufocadas por um novo mal, o da conectividade excessiva — às vezes dia e noite — por parte de seus funcionários.

Sobre o excesso de conectividade, observa NABUCO:

> Jamais existiu antes uma tecnologia que nos conecta socialmente e, ao mesmo tempo, nos desconecta. É a primeira vez na história que a possibilidade de se expressar e se difundir está literalmente nas mãos de qualquer um que tenha acesso à internet. A possibilidade de se difundir (conforme evidenciado por níveis virais de *blogging* e *YouTube-ing*) é inebriante e fornece, pela primeira vez, a possibilidade de difusão para qualquer pessoa do planeta. Os 15 minutos de fama para qualquer pessoa aumentaram exponencialmente, e quem mais adota essa tecnologia são os jovens da geração digital. A possibilidade de participar de uma rede social é sustentada pela popularidade de *sites* como o *Facebook, MySpace, Twitter, Friendster* e outras integrações de rede social/consumidor. Todos esses *sites* são a base da eficácia social de *internet* e representam algumas das suas maiores forças, por sua capacidade de permitir e intensificar eficientemente a interação social em um instante. (NABUCO, 2011, p. 182)

Souto Maior (2003) foi um dos pioneiros, na doutrina pátria, a tratar do tema de conectividade excessiva ao trabalho e do **direito ao não trabalho**. O autor, inclusive, destaca um paradoxo atualíssimo na realidade brasileira. Ora, como se falar em direito em redução ou desconexão do trabalho quando este, durante crises econômicas recorrentes, é escasso?

A própria Reforma Trabalhista (Lei n. 13.467/17) foi pautada em equação sofismática: mais trabalho e menos direitos teriam como resultado o aumento de empregos. Ora, como se sabe, apenas uma economia robusta e crescente garante o aumento do número de empregos.

Souto Maior (2003, p. 1), com argúcia, segue apontando paradoxos:

> A primeira contradição está, exatamente, na preocupação com o não trabalho em um mundo que tem como traço marcante a inquietação com o desemprego.

A segunda, diz respeito ao fato de que, como se tem dito por aí à boca pequena, é o avanço tecnológico que está roubando o trabalho do homem, mas, por outro lado, como se verá, é a tecnologia que tem escravizado o homem ao trabalho.

Em terceiro plano, em termos das contradições, releva notar que se a tecnologia proporciona ao homem uma possibilidade quase infinita de se informar e de estar atualizado com seu tempo, de outro lado, é esta mesma tecnologia que, também, escraviza o homem aos meios de informação, vez que o prazer da informação transforma-se em uma necessidade de se manter informado, para não perder espaço no mercado de trabalho.

E, por fim, ainda no que tange às contradições que o tema sugere, importante recordar que o trabalho, no prisma da filosofia moderna, e conforme reconhecem vários ordenamentos jurídicos, dignifica o homem, mas sob outro ângulo, é o trabalho que retira esta dignidade do homem, impondo-lhe limites enquanto pessoa na medida em que avança sobre a sua intimidade e a sua vida privada.

Entende-se, como defendido pelo Papa João Paulo II, que "o trabalho constitui uma dimensão fundamental do homem sobre a terra"[72], mas que, essencialmente, "**antes de mais nada o trabalho é 'para o homem' e não o homem 'para o trabalho'**" [73]. **Em síntese, o trabalho não pode ser um fim em si mesmo**, e o **direito ao não trabalho** tem como titular não "só quem trabalha, mas, igualmente, a própria sociedade, aquele que não consegue trabalho, porque outro trabalha excessivamente, e os que dependem da presença humana do que lhes abandonam na fuga ao trabalho..." (SOUTO MAIOR, 2003, p. 2).

Observe-se, por relevante, que o **não trabalho** defendido nesta obra não equivale a não trabalhar completamente e sim a trabalhar menos, em níveis nos quais estarão sendo resguardados os direitos à saúde, ao lazer e à vida em família.

Estabelecidos estes contornos iniciais, importa esclarecer que o direito à desconexão não está condicionado, exclusivamente, aos avanços tecnológicos atuais. A existência de jornadas de trabalho extenuantes, com compromisso do trabalhador de estar sempre à disposição do empregador, é história antiga. O direito ao não trabalho — tal como ocorre nas férias e intervalos para descanso — está ligado ao exercício do direito à saúde, saúde no meio ambiente do trabalho. Neste sentido, ALMEIDA e SEVERO (2016, p. 39) pontuam:

> O assunto, portanto, está intimamente relacionado à tecnologia, mas a ela não se resume. Não há dúvida de que a possibilidade de conversar em tempo real com alguém que esteja do outro lado do mundo, e bem assim a capacidade dos aparelhos celulares de receberem mensagens o tempo todo, são elementos que põem em evidência a necessidade de descanso e lazer.
>
> Estamos em casa, em horário de lazer, e, quase sem perceber, paramos o que estamos fazendo, para corrigir relatórios, responder *e-mails* ou solucionar problemas de trabalho.

---

(72) Encíclica *Laborem Exercens*. In: *Encíclicas do Papa João Paulo II*, p. 98.

(73) PAULO II, Papa João. Encíclica *Laborem Exercens*. In: *Encíclicas do Papa João Paulo II*, p. 111.

O direito ao não trabalho ou desconexão significa que o empregado, em seus momentos de folga, feriados, ou ao fim de sua jornada, não pode estar à disposição do empregador, devendo se desconectar totalmente de seus afazeres, com a finalidade de descansar e se revigorar física e mentalmente.

Essa desconexão, para ser efetiva, precisa ser total, de forma que o indivíduo, fora do horário de expediente, não realize nenhuma atividade relacionada ao trabalho, como atender a chamadas telefônicas ou prestar esclarecimentos por aplicativos de mensagens instantâneas e correio eletrônico.

Como bem observa Ricardo Betiatto (2017, p. 51), "trabalhar em domicílio, sem controle de jornada e com um empregador sempre presente a qualquer momento, está mais para uma passagem do livro '1984' de George Orwell do que para uma relação sadia de trabalho em que o fundamento deveria ser o de proporcionar ao trabalhador um aumento de tempo livre para o lazer, a vida social, a atenção à família".

O objetivo desse direito, para Vendruscolo (2012), é proteger o direito do trabalhador à saúde e possibilitar o vital descanso de suas atividades laborais, dando espaço ainda que o mesmo tenha vida social e familiar.

Ressalte-se que aquele que atua em regime de teletrabalho, pelas peculiaridades de sua atividade, em especial, demanda limites claros para o tempo — virtualmente — à disposição do seu empregador, sob pena de ver afetada sua sadia qualidade de vida no meio ambiente do trabalho. **Neste sentido, entende-se que o teletrabalhador, em especial, tem direito à desconexão.**

3.8.1. Aspectos conceituais

Como já pontuado, estamos diante de um tema polêmico, de contornos surreais como observa Souto Maior (2003, p. 1), onde a "primeira contradição está, exatamente, na preocupação com o não trabalho em um mundo que tem como traço marcante a inquietação com o desemprego". Entretanto, eventual escassez de emprego não pode legitimar verdadeiro retrocesso social. "Precisamos urgentemente questionar é porque estamos permitindo retrocesso social, evidenciado em várias recentes legislações trabalhistas, e qual a distância entre a teoria (previsão legal) e a prática (a dura realidade das relações de trabalho)." (ALMEIDA e SEVERO 2016, p. 40).

Aqui mais um paradoxo, segundo BARROS JUNIOR (2014, p. 51), a carreira, de maneira geral, passa agora a ser "pautada na habilidade pessoal de colocar as capacidades para uso no trabalho e pela ampliação na participação em projetos que demandam profissionais inovadores e competentes do ponto de vista técnico". Em termos práticos, a manutenção do emprego e o crescimento na carreira — em jogo de reengenharia e reestuturação — estão vinculados à habilidade do trabalhador em colocar-se à disposição do empregador o maior espaço de tempo possível, em verdadeiro sistema 24 horas por 7 dias da semana. O empregado se destaca, o emprego pode ser mantido, mas a que custo para a saúde?

KAROSHI. Esta é uma expressão japonesa que pode ser traduzida literalmente como **"morte por excesso de trabalho"**. É possível morrer de tanto trabalhar? No Japão, as estatísticas são crescentes, conforme reportagem da BBC Brasil[74]. A necessidade de estar à disposição do trabalho é um fator cultural com crescimento mundial.

Culturalmente, espera-se muita dedicação do trabalhador japonês. A ascensão do Japão da devastação da Segunda Guerra Mundial para o destaque econômico das décadas do pós-guerra é considerada como o gatilho para o que tem sido chamado de nova epidemia: o trabalho em excesso[75].

Os japoneses levam jeito para inventar palavras, principalmente as que se referem ao universo corporativo. *Arigata-meiwaku*, por exemplo, significa um favor que alguém fez sem ser solicitado e que você tem que agradecer mesmo assim; ou *majime*, um colega honesto e confiável que cumpre as tarefas sem fazer drama.

Ainda Segundo a BBC Brasil, "o problema é tão generalizado que se uma morte for considerada *karoshi*, a família da vítima recebe uma compensação do governo da ordem de US$ 20 mil por ano, além de uma indenização da empresa, que pode chegar a US$ 1,6 milhões".

> Eis um caso típico de *karoshi*: Kenji Hamada era funcionário de uma empresa de segurança em Tóquio. Tinha uma jovem esposa dedicada e um histórico profissional excelente. Para ele, era normal trabalhar 15 horas por dia e encarar 4 horas diárias no transporte público.
>
> Até que alguém o viu debruçado sobre sua mesa no escritório. Foi vítima de um ataque cardíaco aos 42 anos de idade.
>
> Hamada morreu em 2009, mas o *karoshi* fez sua primeira vítima 40 anos antes, quando um homem saudável, de 29 anos, sofreu um derrame depois de fazer turnos consecutivos no departamento de distribuição do maior jornal do Japão.
>
> 'Depois da derrota da Segunda Guerra Mundial, os japoneses passaram a ser os profissionais com a jornada de trabalho mais longa do mundo', explica Cary Cooper, especialista em estresse da Universidade de Lancaster, na Grã-Bretanha.
>
> No Japão pós-guerra, o trabalho devolveu aos homens um propósito. Havia estímulos financeiros e motivação psicológica. As empresas aderiram a essa nova ordem e começaram a custear clubes de funcionários e outros benefícios como transporte, moradia, atenção de saúde e creches. E, logo, o mundo do trabalho passou a ser o centro da vida do adulto japonês.[76]

Os elementos culturais e a busca por empregabilidade combinados com os avanços tecnológicos têm contribuído com o aumento significativo da jornada de trabalho diária.

No Brasil, em tempos de Reforma Trabalhista (Lei n. 13.467/17) e respectivos reflexos sobre a duração da jornada legalmente prevista (ampliação na prática), o reconhecimento do direito à desconexão "representa uma espécie de rebeldia contra a submissão da saúde

---

(74) 'Morrer de tanto trabalhar' gera debate e onda de indenizações no Japão. Disponível em: <http://www.bbc.com/portuguese/vert-cap-37463801>. Acesso em: 28 jan. 2018.

(75) *Standing Up for Worker's Rights in Japan. The New York Times* — Wednesday, 11 jun. 2008. Disponível em: <http://www.nytimes.com/2008/06/11/business/worldbusiness/11suits.html>. Acesso em: 4 fev. 2018.

(76) 'Morrer de tanto trabalhar' gera debate e onda de indenizações no Japão. Disponível em: <http://www.bbc.com/portuguese/vert-cap-37463801>. Acesso em: 28 jan. 2018.

do trabalhador à tecnologia e às exigências da vida contemporânea" (ALMEIDA e SEVERO 2016, p. 40).

O descanso e o direito a desligar-se do trabalho apresentam-se essenciais ao bem-estar físico e mental do trabalhador, importando em sua qualidade de vida e saúde, sendo essencial até mesmo a sua produtividade, importando, ainda, na observância de vários direitos constitucionais conexos, como o lazer e ao meio ambiente sadio.

O direito à desconexão do trabalho é inerente a todo e qualquer empregado e consiste no "desligamento", na desconexão, como o próprio nome sugere, tanto físico ou mental, do empregado ao ambiente em que trabalha (ARAÚJO SILVA, 2011).

O trabalho para ser considerado decente, e como fator de promoção de dignidade humana, precisa ter alguns aspectos regulamentados pelo ordenamento, um deles, é a interferência das novas tecnologias frente à garantia de direitos fundamentais, abordados anteriormente.

O direito à desconexão é antes de tudo fator de resgate da natureza humana que na era da conexão em tempo integral encontra-se comprometida pelo uso indiscriminado no ambiente laboral das ferramentas telemáticas.

O direito à desconexão, então, se concretiza no "direito à preservação da intimidade e mesmo no reconhecimento da possibilidade de que o empregado, enquanto trabalha, utilize — de forma proporcional e adequada — 'válvulas de escape' que permitam a desconexão, por alguns minutos, tornando assim mais produtivas e satisfatórias suas horas de trabalho" (ALMEIDA E SEVERO, 2016, p. 41).

Entende-se, por fim, o direito à desconexão como limite ao excesso de conectividade ao trabalho, garantidor de sadia qualidade de vida ao trabalhador. É o direito do empregado, em seus momentos de folga, férias, feriados, ou ao fim de sua jornada diária, de não estar à disposição do empregador, devendo se desconectar totalmente de seus afazeres, com a finalidade de descansar e se revigorar física e mentalmente.

Sem a tutela específica, positivada no ordenamento jurídico, por meio de um regramento claro que imponha limites e preveja sanções contra a utilização irresponsável da tecnologia nos ambientes laborais em prejuízo à saúde dos trabalhadores, a evolução tecnológica tem potenciais negativos no mundo do trabalho.

3.8.2. O direito ao lazer e o não trabalho

A base jurídica do direito à desconexão está fundamentada em vários direitos constitucionais conexos, em especial, **os direitos à saúde, ao descanso e ao lazer**. Relaciona-se, ainda, com a dignidade da pessoa humana e o meio ambiente sadio e equilibrado (art. 225), neste compreendido o do trabalho (inc. VIII, art. 200).

O direito ao lazer encontra-se assegurado na Constituição Federal, em seu art. 6º, a todos os cidadãos. Entretanto, a atual organização social e a introdução de novas tecnologias afetas à relação laboral têm prejudicado o gozo desse direito por grande parcela dos trabalhadores, prejudicando a sua vida social, sua saúde, sua intimidade e sua vida familiar.

O lazer significa um tempo a ser desfrutado pelo trabalhador a seu critério, um tempo para que o referido descanse, desfrute com a família e tenha vida social, **totalmente desligado** de suas funções laborais (OLIVEIRA, 2015).

Segundo Gomes (2015), o repouso foi considerado sinônimo de lazer até o século XX, quando o lazer teve seu significado estendido, abrangendo atividades com respeito às necessidades do corpo e do espírito. O descanso libera da fadiga, enquanto que o lazer repara deteriorações físicas e nervosas das obrigações do cotidiano e do trabalho, ou seja, recuperação da fadiga física ou nervosa e liberação de tensões.

Lazer, na acepção de Dumazedier (Gomes, 2015), é o conjunto de ocupações às quais o indivíduo pode entregar-se de livre vontade, seja para repousar, seja para divertir, recrear e entreter ou, ainda, para desenvolver sua formação ou informação desinteressada, sua participação social voluntária ou sua livre capacidade criadora após livrar-se ou desembaraçar-se de suas obrigações profissionais, familiares e sociais.

Marcelino (Gomes, 2015), por sua vez, considera lazer como cultura vivenciada no tempo disponível. O lazer envolve quatro elementos que inter-relacionados garantem a vida em sociedade, o tempo, o espaço, as manifestações culturais e a atitude, assim, o lazer é dinâmico e constituído pelas identidades distintas de cada grupo social.

Esse direito, constitucionalmente reconhecido, precisa ser garantido pelo Estado, por isso é necessário que o mesmo atue, por exemplo, regulamentando o uso das novas tecnologias, para que seu uso não interfira no gozo por parte do trabalhador de seu direito fundamental ao lazer.

O direito ao lazer está ligado diretamente à dignidade da pessoa humana e o próprio direito à saúde, vez que a ausência de descanso prejudica a saúde física e mental do ser humano.

O tempo livre é, segundo Oliveira (2015), uma das principais fontes de criação artística e pensamento filosófico o que pode ser observado ao longo da história. Na Grécia antiga o tempo livre definiu o desenvolvimento da cultura, da ética e da moral ocidental, os cidadãos tinham direito a um tempo para dedicar ao ócio e para criação. Entretanto esse ócio não é similar ao lazer, direito do trabalhador de hoje, o ócio era substituto do trabalho, que nessa época era realizado pelos escravos, enquanto o direito ao lazer pressupõe o trabalho, não o suprime.

O direito ao lazer está associado ao próprio direito à vida, é necessária a preservação do ser humano e ainda a sua inclusão social, **trata-se de corolário do direito à desconexão** (MAIOR, 2003).

A necessidade de descanso, além de ser fisiológica, posto que trabalhador cansado está mais propenso a acidentes e a doenças, é ainda sociológica e econômica.

A atividade do homem, segundo Martins (2008), restrita como sua natureza, tem limites que não podem ser ultrapassados. Por isso, o trabalho não deve se prolongar por mais tempo que as forças permitem, de tal modo que o repouso deve ser proporcional à qualidade do trabalho, às circunstâncias de tempo e lugar, bem como à compleição e saúde dos operários.

O direito fundamental à saúde é direito básico diretamente ligado à vida e à integridade física, e pressupõe não apenas a ausência de doenças, conforme já mencionado, mas importa em qualidade de vida, completo bem-estar físico e mental. Assim, o descanso e o lazer são fundamentais ao cuidado com a saúde e a dignidade da pessoa humana.

O objetivo da Constituição ao limitar a jornada de trabalho (inc. XIII, art. 7º) foi conferir ao trabalhador tempo para seu lazer e descanso em contraponto ao trabalho em tempo integral estimulado pelo uso das novas tecnologias.

Nas palavras de SILVA (2009), os direitos sociais visam possibilitar melhores condições de vida aos que se encontram em situação desfavorecida, para igualar as situações sociais desiguais. São a dimensão dos direitos fundamentais do homem, prestações positivas proporcionadas pelo Estado direta ou indiretamente. Esses direitos criam condições materiais mais propícias ao aumento da dignidade real, são pressupostos do gozo dos direitos fundamentais.

Segundo Oliveira (2010), o lazer requer tempo disponível livre de obrigações cotidianas e das condições necessárias à realização de suas experiências, condições que não podem ser garantidas pelo próprio indivíduo, mas dependem de uma ação coordenada de toda a sociedade, envolvendo o Governo, as empresas, os sindicatos, as famílias e as instituições de ensino.

Ressalte-se que o lazer é direito social de todos os trabalhadores, subordinados ou não, aí incluídos os ocupantes de altos cargos, trabalhadores externos e teletrabalhadores, não sendo razoável ou mesmo constitucional a exclusão destas profissões do regime geral de jornada de trabalho, nos termos dos incisos do art. 62 da CLT. **Em síntese, nos termos do inciso XIII, do art. 7º da CR, todos os trabalhadores têm assim direito à limitação de jornada de trabalho.**

O trabalho precisa funcionar como elemento que confere dignidade ao homem e não de obstáculo a esta, avançando sobre sua vida privada e sua intimidade.

Segundo Oliveira (2010), o direito ao lazer nas relações de trabalho é direito fundamental do trabalhador e sua aplicação traduz-se em garantia de dignidade da pessoa humana, pois além de possibilitar seu desenvolvimento cultural, social e pessoal, ainda objetiva a melhoria da sua qualidade de vida, o resguardo de sua integridade física, intimidade e privacidade, assegurando o próprio direito à desconexão, retratado na presente obra.

O legislador constituinte, ao colocar o lazer como direito social ao lado do direito ao trabalho, demonstrou reconhecer a necessidade de lazer e desconexão, reconhecendo igualmente a dimensão social e humana do trabalhador, possibilitando seu completo bem-estar físico e mental.

Importa ressaltar a necessidade da evolução, no ordenamento jurídico pátrio, de regras de tutela específica do direito ao não trabalho, consideradas as novas tecnologias inseridas no ambiente laboral, preservando o trabalhador em sua saúde, intimidade, privacidade e dignidade. Como já mencionado, o direito à desconexão além de ser direito do trabalhador, é direito da sociedade e da família, assim surge a necessidade de regulação do direito ao lazer e sua proteção estatal.

3.8.3. No Direito comparado

O estudo comparativo com o ordenamento jurídico de outros países é plenamente justificado quando em análise questões relativas ao excesso de conectividade ao trabalho que afetam as relações laborais em âmbito global.

No mais, considerando a ausência de regulamentação **expressa** do direito à desconexão no ordenamento jurídico pátrio, importa ressaltar que temos a autorização da CLT para integrar esta lacuna normativa, tendo o Direito Comparado como fonte material, *ex vi* do *caput* do art. 8º. O foco da presente análise será a regulamentação que vise estabelecer limites para o excesso de conectividade decorrente dos atuais avanços de informática e comunicação.

Na Alemanha, a Volkswagen desliga os servidores de *smartphones* para funcionários assalariados — e não gerentes — que não podem enviar ou receber *e-mails* das 18h15 às 7h da manhã durante a semana e durante o fim de semana. Os servidores estão desligados durante esses períodos. Trata-se de um Acordo Coletivo de Trabalho que entrou em vigor em agosto de 2011. Ele foi implementado para respeitar os tempos de recuperação e enfatizar que as horas não trabalhadas devem ser interrompidas somente em caso de emergência[77].

A Itália, em maio de 2017, com o intuito de fomentar o teletrabalho e diminuir a distância com as demais nações europeias, editou a Lei n. 81 (Legge 22 maggio 2017, n. 81), que veio para regularizar o *"lavoro agile"*[78]. Em seu art. 18, § 2º, fica especificado que o empregador é responsável pela segurança e pelo bom funcionamento dos instrumentos tecnológicos destinados ao trabalhador para o desenvolvimento da atividade laborativa[79].

De acordo com um estudo da Deloitte, 76% dos executivos acreditam que as ferramentas digitais têm um impacto negativo em suas vidas pessoais. Este tem sido o motivo para as empresas se responsabilizarem pelo assunto: **riscos econômicos. Um funcionário que está superconectado coloca a empresa em perigo: produtividade, riscos psicossociais, até mesmo segurança de dados**[80].

A iniciativa francesa sobre o tema merece destaque. A França foi um dos primeiros países a editar Lei que regula, **expressamente, o direito à desconexão do trabalho**. O art. 55 da lei francesa de n. 2016-1088 de 8 de agosto de 2016 (com vigência a partir de 1º de janeiro de 2017)[81] prevê:

---

(77) «Déconnectez-moi» (Me desconecta) em 15 fev. 2017. *The Economist*. Disponível em: <https://www.lenouveleconomiste.fr/deconnectez-moi-33840/>. Acesso em: 10 out. 2017.

(78) Lavoro agile e telelavoro analogie e differenze. Em 22 fev. 2016. Disponível em: <http://www.diritto-lavoro.com/2016/02/22/lavoro-agile-e-telelavoro-analogie-edifferenze/>. Acesso em: 28 jan. 2018.

(79) "Il datore di lavoro è responsabile della sicurezza e del buon funzionamento degli strumenti tecnologici assegnati al lavoratore per lo svolgimento dell'attività lavorativa."

(80) «Déconnectez-moi» (Me desconecta) em 15 fev. 2017. *The Economist*. Disponível em: <https://www.lenouveleconomiste.fr/deconnectez-moi-33840/>. Acesso em: 10 out. 2017.

(81) (...) *Article 55*

I. L'article L. 2242-8 du code du travail est ainsi modifié: 1º Le 6º est complété par les mots : «notamment au moyen des outils numériques disponibles dans l'entreprise ; » 2º Il est ajouté un 7º ainsi rédigé : «7º Les modalités du plein exercice par le salarié de son droit à la déconnexion et la mise en place par l'entreprise de dispositifs de

Os procedimentos para o exercício pleno pelo funcionário **do seu direito à desconexão** e a criação pela empresa de dispositivos para regular o uso de ferramentas digitais, a fim de **garantir o respeito dos períodos de descanso e saída, bem como do que a vida pessoal e familiar**. Na falta de acordo, o empregador elabora uma carta, depois de consultar o conselho de empresa ou, na sua falta, Delegados da equipe. Esta carta define esses procedimentos para o exercício do direito à desconexão e também prevê a implementação de ações de capacitação e conscientização para funcionários, **gerentes e funcionários de gestão para o uso razoável de ferramentas digitais**. (grifou-se)

A companhia de telefonia francesa Orange, por sua vez, criou uma regulamentação acordada com seus funcionários, em setembro de 2017, pela qual estes devem definir um período de não utilização do correio eletrônico[82].

A lei estabelece um direito para os trabalhadores e um dever para as empresas, apostando na negociação e no pragmatismo. As conversações serão também uma oportunidade para se realizar um trabalho preventivo e de formação para o uso das novas tecnologias: não se trata apenas de fazer com que o chefe aprenda a não mandar *e-mails* na hora que quiser sendo que poderia esperar pela manhã seguinte para fazê-lo, mas também com que o funcionário não se sinta culpado por não responder a esses mesmos *e-mails*.

Há na lei francesa uma clara preocupação com a proteção à privacidade e saúde do trabalhador, em especial do teletrabalhador. Essa mesma preocupação, infelizmente, não encontrou guarida na Reforma Trabalhista brasileira (Lei n. 13.467/17), em especial no novel inciso III, do art. 62 da CLT, como já observado no item 3.3.1 da presente obra.

3.8.4. Na jurisprudência

Para Mareto (2013), o direto à desconexão relaciona-se com os direitos fundamentais relativos às normas de saúde, higiene e segurança do trabalho, assim como o direito à limitação da jornada, ao descanso, às férias, à redução de riscos de doenças e acidentes de trabalho, todos constantes da Constituição Federal.

Relaciona-se ainda com os direitos constitucionais ao lazer (art. 6º, *caput*), o direito à vida privada (art. 5º, inciso X), o direito à saúde, à vida, à dignidade da pessoa humana e ao meio ambiente sadio e equilibrado (art. 225), vez que o ambiente laboral é aspecto do meio ambiente.

O descanso, conforme já retratado, é essencial à saúde física e psíquica do trabalhador, bem como sua ausência implica em queda de produtividade e está relacionada a uma série de patologias.

---

régulation de l'utilisation des outils numériques, en vue d'assurer le respect des temps de repos et de congé ainsi que de la vie personnelle et familiale. A défaut d'accord, l'employeur é labore une charte, après avis du comité d'entreprise ou, à défaut, des délégués du personnel. Cette charte définit ces modalités de l'exercice du droit à la déconnexion et prévoit en outre la mise en oeuvre, à destination des salariés et du personnel d'encadrement et de direction, d'actions de formation et de sensibilisation à un usage raisonnable des outils numériques. »

II. Le I du présent article entre en vigueur le 1ᵉʳ janvier 2017. (LOI n. 2016-1088 du 8 aout. 2016 relative au travail, à la modernisation du dialogue social et à La sécurisation des parcours professionnels) (Tradução livre).

(82) Disponível em: <http://brasil.elpais.com/brasil/2017/01/03/economia/1483440318_216051.html>. Acesso em: 23 maio 17.

O Tribunal Superior do Trabalho tem reconhecido a juridicidade do direito à desconexão, como se pode perceber no emblemático julgado de relatoria do Ministro Cláudio Brandão:

(...)

RESPONSABILIDADE CIVIL DO EMPREGADOR. DANOS MORAIS CAUSADOS AO EMPREGADO. CARACTERIZAÇÃO. DIREITO À DESCONEXÃO. HORAS DE SOBREAVISO. PLANTÕES HABITU-AIS LONGOS E DESGASTANTES. DIREITO AO LAZER ASSEGURADO NA CONSTITUIÇÃO E EM NORMAS INTERNACIONAIS. COMPROMETIMENTO DIANTE DA AUSÊNCIA DE DESCONEXÃO DO TRABALHO. A responsabilidade civil do empregador pela reparação decorrente de danos morais causados ao empregado pressupõe a existência de três requisitos, quais sejam: a conduta (culposa, em regra), o dano propriamente dito (violação aos atributos da personalidade) e o nexo causal entre esses dois elementos. O primeiro é a ação ou omissão de alguém que produz consequências às quais o sistema jurídico reconhece relevância. É certo que esse agir de modo consciente é ainda caracterizado por ser contrário ao Direito, daí falar-se que, em princípio, a responsabilidade exige a presença da conduta culposa do agente, o que significa ação inicialmente de forma ilícita e que se distancia dos padrões socialmente adequados, muito embora possa haver o dever de ressarcimento dos danos, mesmo nos casos de conduta lícita. O segundo elemento é o dano que, nas palavras de Sérgio Cavalieri Filho, consiste na "[...] subtração ou diminuição de um bem jurídico, qualquer que seja a sua natureza, quer se trate de um bem patrimonial, quer se trate de um bem integrante da própria personalidade da vítima, como a sua honra, a imagem, a liberdade etc. Em suma, dano é lesão de um bem jurídico, tanto patrimonial como moral, vindo daí a conhecida divisão do dano em patrimonial e moral". Finalmente, o último elemento é o nexo causal, a consequência que se afirma existir e a causa que a provocou; é o encadeamento dos acontecimentos derivados da ação humana e os efeitos por ela gerados. No caso, o quadro fático registrado pelo Tribunal Regional revela que "**o autor permaneceu conectado, mentalmente, ao trabalho durante os plantões, que ocorriam 14 dias seguidos. Além de cumprir sua jornada, o autor permanecia à disposição da empresa, chegando a trabalhar de madrugada em algumas ocasiões, como no dia 06.01.2008, por exemplo, em que trabalhou das 2h às 5h, no dia 27 do mesmo mês, das 4h40min às 11h30min (fl. 416), e no dia 13.9.13, das 0h às 3h30min (fl. 418)**". A precarização de direitos trabalhistas em relação aos trabalhos à distância, pela exclusão do tempo à disposição, em situações corriqueiras relacionadas à permanente conexão por meio do uso da comunicação telemática após o expediente, ou mesmo regimes de plantão, como é o caso do regime de sobreaviso, é uma triste realidade que se avilta na prática judiciária. **A exigência para que o empregado esteja conectado por meio de *smartphone*, *notebook* ou BIP, após a jornada de trabalho ordinária, é o que caracteriza ofensa ao direito à desconexão. Isso porque não pode ir a locais distantes, sem sinal telefônico ou *internet*, ficando privado de sua liberdade para usufruir efetivamente do tempo destinado ao descanso**. Com efeito, o excesso de jornada aparece em vários estudos como uma das razões para doenças ocupacionais relacionadas à depressão e ao transtorno de ansiedade, o que leva a crer que essa conexão demasiada contribui, em muito, para que o empregado cada vez mais, fique privado de ter uma vida saudável e prazerosa (...). (Processo TST – 7ª Turma – AIRR- 2058-43.2012.5.02.0464 – DETJ 27.10.2017)

No referido Acórdão, o C. TST reconhece ainda que "há que se acrescentar o arcabouço constitucional que ampara o direito ao lazer, com referência expressa em vários dispositivos, a exemplo dos arts. 6º; 7º, IV; 217, § 3º; e 227. O **direito à desconexão certamente ficará comprometido, com a permanente vinculação ao trabalho, se não houver critérios definidos quanto aos limites diários, os quais ficam atrelados à permanente necessidade do serviço.** Resultaria, enfim, em descumprimento de direito fundamental e no comprometimento do princípio da máxima efetividade da Carta Maior".

O TST também atribuiu balizas conceituais ao direito à desconexão em julgados como o processo TST-AIRR-3341-03.2013.5.02.0065, julgado em 7.2.2008, ao estabelecer que não é o mero fornecimento pelo empregador de instrumentos telemáticos ou informatizados para uso fora do horário de trabalho que configura — por si só — violação ao direito à desconexão. Para o TST, a impossibilidade de desconexão decorre da limitação à liberdade do trabalhador durante seu período de descanso e se configura quando o trabalhador, pelo uso de instrumentos telemáticos ou informatizados, continua submetido às ordens do empregador mesmo fora da sua jornada de trabalho. Note-se que são os regimes de plantão, escalas ou equivalente que estabelecem estas ordens que vinculam o trabalhador fora da sua jornada de trabalho e deslocam a subordinação para além do posto de trabalho.

O excesso de trabalho, a falta de desconexão, inviabiliza, como se verá adiante, a busca por projetos de vida, a busca por felicidade em última instância. Neste sentido:

LEI N. 13.015/14. INDENIZAÇÃO POR DANOS MORAIS. DANO EXISTENCIAL. JORNADA DE TRABALHO EXCESSIVA. 1. A prestação de horas extras, por si só, não gera direito à reparação por dano moral existencial. **2.** Segundo José Affonso Dallegrave Neto, o dano existencial, no conceito elaborado por Amaro Almeida Neto, corresponde à "violação de qualquer um dos direitos fundamentais da pessoa, tutelados pela Constituição Federal, que causa uma alteração danosa no modo de ser do indivíduo ou nas atividades por ele executadas com vistas ao projeto de vida pessoal, prescindido de qualquer repercussão financeira ou econômica que do fato da lesão possa decorrer" (In: *Responsabilidade civil no direito do trabalho*. 6. ed., São Paulo: LTr, 2017). Além de inviabilizar projetos de vida idealizados pelo empregado, de forma mais concreta, pode-se dizer que o dano existencial também se caracteriza a partir da frustração da fruição dos direitos sociais mínimos, **dentre eles o direito ao lazer (que contempla a desconexão do trabalho)**, à saúde e ao convívio familiar (art. 6º da Constituição da República). **3.** Por decorrer o dano existencial da responsabilidade civil extracontratual, a sua caracterização depende, em regra, da comprovação do preenchimento dos requisitos da culpa aquiliana, a saber: (i) conduta ilícita voluntária, (ii) dano, (iii) nexo de causalidade entre a conduta e o dano e (iv) culpa ou dolo do agente. **4.** Assim, tem-se inclinado a jurisprudência desta Corte, ao examinar o pleito de indenização por dano existencial, pela exigência, como regra, da **demonstração da efetiva frustração de um projeto de vida** como consequência da conduta ilícita do empregador. **5.** Apenas em situações excepcionais e de flagrante violação de direitos sociais mínimos, será possível identificar o dano existencial *in re ipsa*, ou seja, a partir da simples conduta ilícita do agressor. Em tais casos, em razão da gravidade e intensidade da conduta ilícita do empregador, o dano existencial resulta como mera consequência lógica do ato ilícito, autorizando, assim, a sua presunção. **6.** Em relação à caracterização do dano existencial, esta Egrégia Corte tem se manifestado no sentido de que a exigência de jornada de trabalho excessiva, por si só, não caracteriza dano existencial, não sendo possível presumir, em regra, o dano existencial pela simples exigência de prestação de horas extras. **7.** No caso dos autos, o Tribunal Regional, a partir das regras de distribuição do ônus da prova, manteve a sentença que arbitrara a jornada "das 12h as 23h30min (nas 3 primeiras semanas de cada mês) e das 6h30min as 19h (na última semana de cada mês), de segundas-feiras a sábados, e neste último horário, em 2 domingos alternados por mês e em 5 feriados por ano, fruindo apenas 20 minutos de intervalo intrajornada" (p. 1.159 do eSIJ). Consignou, na oportunidade, que a prova testemunhal produzida pelo reclamante comprovou que a jornada não era integralmente anotada nos cartões de ponto, não tendo a reclamada produzido outras provas para infirmar a jornada descrita na petição inicial. **8.** Conforme adverte Mauro Schiavi, "o Juiz só utilizará a regra do ônus da prova quando não houver nos autos provas, ou, como um critério para desempate, quando houver a chamada prova dividida ou empatada" (In: *Manual de Direito Processual do Trabalho*. 3. ed. São Paulo: LTr, 2010), julgando em desfavor daquele que tinha o encargo de produzir a prova, nos termos do disposto nos arts. 818 da CLT e 333, I, do CPC de 1973. **9.** No caso, conquanto a regra do ônus da prova justifique a condenação da reclamada ao pagamento de horas extras (em virtude de não ter se desincumbido do encargo processual que lhe competia), o mesmo critério não se revela juridicamente apto a fundamentar a condenação da reclamada ao pagamento de indenização por danos existenciais — os quais, conforme aduzido anteriormente, pressupõem a existência de prova do efetivo dano. Assim, se a jornada arbitrada decorre de presunção, esta não pode ser utilizada como fundamento para outra presunção, relativa à existência de dano existencial. **10.** Recurso de Revista conhecido e provido. (Processo TST – 1ª Turma – RR-805-03.2013.5.04.0020 – Rel. Ministro Lelio Bentes Corrêa – DETJ 02.03.2018. Grifou-se)

Os Tribunais Regionais do Trabalho também têm reconhecido o direito fundamental do trabalhador à desconexão, pautado no direito ao lazer e ao descanso (art. 6º da CR). O exemplo do TRT da 2ª Região é abaixo transcrito:

SOBREAVISO. USO DE CELULAR. **DIREITO AO LAZER E À DESCONEXÃO DO TRABALHO.** EFICÁCIA HORIZONTAL DOS DIREITOS FUNDAMENTAIS. PAGAMENTO DEVIDO. (...) Em 15.12.2011, o art. 6º da CLT foi alterado passando a dispor que os meios telemáticos e informatizados de controle e supervisão se equiparam aos meios pessoais para fins de subordinação. Por certo, o escopo da alteração não é autorizar que a empresa viole o direito ao lazer e ao descanso (arts. 6º da CF/88 e 66 da CLT) ensejando o uso dos avanços tecnológicos sem desligar o trabalhador da prestação de serviço. Assim, a subordinação no teletrabalho, embora mais amena que a sujeição pessoal, ocorre através de câmeras, sistema de *logon* e *logoff*, computadores, relatórios, bem como ligações por celulares, rádios etc. Nesse contexto se deu a reforma da Súmula n. 428 do C. TST, **ficando assegurado, no caso de ofensa à desconexão do trabalho e ao direito fundamental ao lazer, o pagamento de sobreaviso (II, Súmula n. 428 incidente na espécie). Tal exegese vai ao encontro da eficácia horizontal imediata dos direitos fundamentais (direito ao lazer e à desconexão),** fazendo jus o reclamante ao tempo à disposição sempre que ficou em sobreaviso. Recurso obreiro provido no particular. (grifou-se) (TRT-2 – RO: 00031436020125020045 SP 00031436020125020045 A28, rel. Ricardo Artur Costa e Trigueiros, Data de Julgamento: 29.9.2015, 4ª Turma, Data de Publicação: 9.10.2015)

O Tribunal Regional do Trabalho da 4ª Região entendeu no mesmo sentido que, durante o descanso, deve haver **total desconexão** das atividades que o empregado desempenha, com o objetivo de proteger a saúde física e mental do trabalhador, como se pode perceber no julgado infra:

Direito à desconexão do trabalho. Intervalo intrajornada substituído por pagamento de horas extras. Norma de ordem pública e caráter cogente. Invalidade. O art. 71 da Consolidação das Leis Trabalhistas, ao prever a obrigatoriedade do intervalo intrajornada, estabelece norma de ordem pública e de caráter cogente, indisponível pelas partes, nem mesmo no campo da autonomia privada coletiva (negociação coletiva). Os períodos de descanso intrajornada previstos em lei devem ser gozados pelo trabalhador com total desvinculação de suas atividades laborais. Trata-se do denominado "direito à desconexão do trabalho", expressão cunhada pelo doutrinador Jorge Luiz Souto Maior. **O "direito ao não trabalho", durante o intervalo dentro da jornada, tem por escopo a preservação da saúde, física e mental, e a própria segurança do empregado, como forma mínima de assegurar a dignidade da pessoa humana.** O mero pagamento de horas extras, em substituição à fruição do intervalo intrajornada, (...). (Grifou-se) (TRT-4 – RO: 1199000320095040332 RS 0119900-03.2009.5.04.0332 – Relª. Denise Pacheco, Data de Julgamento: 4.8.2011, 2ª Vara do Trabalho de São Leopoldo)

A não observância do direito à desconexão do trabalhador, o excesso de trabalho, tem potencial de impedir a busca por projetos pessoais, a **busca por felicidade** em última instância.

3.8.5. A busca por felicidade

Segundo Cristovam Buarque, a **felicidade** serve como uma cola para **unir** e, ao mesmo tempo, **despertar** os **direitos sociais** previstos na Constituição brasileira. "Cola e despertador: cola para unificar os direitos; e despertador para que as pessoas despertem e lutem."[83]

Martin Luther King, também ao defender o "despertar" dos direitos civis para **toda** a população estadunidense, observa que há verdades evidentes por si mesmas, que não demandam comprovação, entre elas "que todos os homens são criados iguais, que são dotados por Deus, Criador, com certos direitos inalienáveis, que entre estes estão, **vida**, **liberdade** e **a busca por felicidade**"[84].

Mas, o que é **felicidade**? E, ainda que minimamente definidos seus contornos conceituais, como alcançá-la? E se alcançada, como mantê-la?

Ora, como registrou o "poetinha" brasileiro "**a felicidade é como uma pluma; que o vento vai levando pelo ar; e voa tão leve, mas tem a vida breve; precisa que haja vento sem parar**"[85], e arremata: "**tristeza não tem fim, felicidade sim**". A felicidade, então, seria algo essencialmente etéreo, utópico ou inatingível? Ou a busca da felicidade deve retratar um bem-estar tanto individual como coletivo, um verdadeiro direito do cidadão de enfrentar e superar questões sociais e pessoais adversas?

Questão mais complexa é, estabelecidos contornos conceituais mínimos para a ideia de felicidade, estaríamos diante de um direito materialmente considerado? O qual, pela via reversa, conferiria a toda pessoa natural o direito de **não ser infeliz**?

Noutro giro, a **felicidade** deve ser vista como dependente, em essência, de fatores internos e pessoais e, neste contexto, deve ser **buscada, alcançada**? A **busca da felicidade**, então, é que seria um **direito**?

Por fim, a felicidade deve estar adstrita a uma ou mais áreas do nosso cotidiano? Possível apenas no ambiente familiar ou nas relações de afeto — a título de exemplo — e incompatível nas relações interpessoais ou de trabalho, a título de exemplo? (MELO; FERREIRA, 2019). Em síntese, considerado que a expressão em latim para trabalho — *tripalium* — corresponde a **castigo** e **sofrimento, a felicidade seria incompatível com o trabalho? Parece-nos negativa a resposta.**

---

(83) Entrevista concedida ao *site* Congresso em foco em 1º.06.2010. Disponível em: <https://congressoemfoco.uol.com.br/especial/noticias/cristovam-felicidade-e-cola-e-despertador-dos-direitos-sociais/>. Acesso em: 1º mar. 2019. Segundo Cristovam Buarque, não só felicidade e educação andam juntas, bem como os demais direitos sociais previstos na Carta Magna. "Diz-se que ninguém cumpre a Constituição, e vai ver que é porque ninguém descobriu que precisa dela para ter felicidade. Ninguém briga por ela, deixa que ela seja descumprida. Vai ver que é porque não percebe que nela está a chance da felicidade."

(84) "We hold these truths to be self-evident, that all men are created equal, that they are endowed by their Creator with certain unalienable rights, that among these are life, liberty, and the pursuit of happiness" The American Dream. Sermão proferido na Ebnezer Batist Church. Disponível em: <https://kinginstitute.stanford.edu/king-papers/documents/american-dream-sermon-delivered-ebenezer-baptist-church>. Acesso em: 1º mar. 2019.

(85) *A felicidade*. 1958. Antônio Carlos Jobim (música); Vinícius de Moraes (Letra).

Inicialmente, necessário conceituar felicidade. A felicidade pode ter contexto individual e coletivo, pode ter níveis de intensidade o que, implicitamente, indica que ela pode ser aumentada em um contínuo **processo de busca**. Em princípio, todo dia que alguém, ao alcançar um desejo, alcança um certo **nível de felicidade.**

O conceito de felicidade, portanto, não é hermético ou engessado. Varia. A felicidade considera contexto, intensidade e número de pessoas envolvidas. Todavia, em lógica de silogismo, o conceito de felicidade tem relação com a realização de desejos. Sobreleva-se, neste particular, a ideia de **busca**, de **procura**, de **movimento em uma direção**[86]. Felicidade não parece ter conexão com um fenômeno **inercial**, de **paralisia**, de **espera contemplativa**. Talvez, por isso, o princípio reconhecido mundialmente seja o **da busca da felicidade**.

A origem do Princípio da busca pela felicidade remonta à Declaração de Direitos de Virgínia, de 1776, e foi incluído na Declaração de Independência dos Estados Unidos como direito inalienável do cidadão. É o *direito de buscar a felicidade — right to pursuit of happiness*[87]. O interessante é que os patriarcas da nação norte-americana em momento algum estabeleceram que o cidadão teria **odireito à felicidade** e sim o **direito de buscar** esta. A diferença é significativa. **O homem tem o direito a ter condições mínimas para tomar ações que julgue necessárias para alcançar seu ideário de felicidade, mas o Estado, ou um terceiro, não tem a obrigação de fazê-lo feliz.**

Importante registrar a relevância dos direitos sociais positivados no art. 6º da Constituição Federal como elementos de viabilização do princípio da busca da felicidade. Em especial, para contexto defendido na presente obra, os direitos **à saúde e ao lazer.**

O direito de busca da felicidade não é meramente **cosmético** ou **alegórico**. Reforça outros direitos fundamentais. Cristovam Buarque afirma que "**a felicidade serve como uma cola para unir e, ao mesmo tempo, despertar os direitos sociais previstos na Constituição brasileira**" (GÓIS e TORRES, 2010). Nesse sentido, temos o reconhecimento do direito à busca da felicidade em alguns julgados do Supremo Tribunal Federal. Na Arguição de Descumprimento de Preceito Fundamental 132, que tratou do tema da união homoafetiva, o ministro Ayres Britto reconhece que:

> *Felicidade é um estado de espírito consequente.* Óbvio que, nessa altaneira posição de direito fundamental e bem de personalidade, a preferência sexual se põe como direta emanação do princípio da "dignidade da pessoa humana" (inciso III do art. 1º da CF), e, assim, poderoso fator de afirmação e elevação pessoal. De autoestima no mais elevado ponto da consciência. Autoestima, de sua parte, a aplainar o mais abrangente *caminho da felicidade*, tal como positivamente norma desde a primeira declaração norte-americana de direitos humanos (Declaração

---

(86) Mateus 7:7,8. **Pedi**, e dar-se-vos-á; **buscai**, e encontrareis; **batei**, e abrir-se-vos-á.Porque, aquele que **pede**, recebe; e, o que **busca**, encontra; e, ao que **bate**, abrir-se-lhe-á.

(87) *"We hold these truths to be self-evident, that all men are created equal, that they are endowed by their Creator with certain unalienable rights, that among these are life, liberty, and the pursuit of happiness".* (Consideramos que essas verdades são evidentes, que todos os homens são criados igualmente, que são dotados de certos direitos inalienáveis, concedidos pelo Criador, entre os quais a vida, a liberdade e a busca da felicidade).

de Direitos do Estado da Virgínia, de 16 de junho de 1776) e até hoje perpassante das declarações constitucionais do gênero. Afinal, *se as pessoas de preferência heterossexual só podem se realizar ou ser felizes heterossexualmente, as de preferência homossexual seguem na mesma toada: só podem se realizar ou ser felizes homossexualmente.*

Fica claro que é necessária a garantia de **condições mínimas** para que os indivíduos exerçam seus direitos, sendo **a liberdade** como condição primária. Ainda no referido julgado, o ministro Marco Aurélio ressaltou que: "ao **Estado é vedado obstar que os indivíduos busquem a própria felicidade,** a não ser em caso de violação ao direito de outrem, o que não ocorre na espécie" (grifou-se).

O ministro Celso de Mello no julgamento da citada ADPF (n. 132) asseverou que esse direito é "**verdadeiro postulado constitucional implícito,** como expressão de uma ideia--força que deriva do princípio da essencial dignidade da pessoa humana". Defendeu que o direito à busca da felicidade é derivado do princípio da dignidade humana:

> Esta decisão — *que torna efetivo o princípio da igualdade, que assegura respeito à liberdade pessoal e à autonomia individual, que confere primazia à dignidade da pessoa humana* e que, rompendo paradigmas históricos e culturais, *remove obstáculos* que, até agora, *inviabilizavam a busca da felicidade por parte de homossexuais* vítimas de tratamento discriminatório — não é nem pode ser qualificada como decisão proferida contra alguém, da mesma forma que não pode ser considerada um julgamento a favor de apenas alguns.

Entende-se que, independentemente de positivação expressa, o direito de busca da felicidade, umbilicalmente ligado ao princípio da dignidade da pessoa humana, encontra guarida na Constituição da República, sendo um direito materialmente fundamental nos termos do § 2º do art. 5º da Constituição Cidadã.

Ora, todo ser humano pode e deve buscar felicidade. Para tanto, um trabalhador não pode ser impedido, pelo volume de cobranças, pelo volume de trabalho, de buscar essa felicidade. Toda pessoa para ter condições mínimas de buscar felicidade — dentro de seus anseios e critérios pessoais — **tem que ter acesso a um piso vital mínimo de direitos, notadamente os direitos sociais.** Caso não tenha acesso a esse **conteúdo mínimo,** entre eles o direito ao lazer e ao descanso, será como um encarcerado — **preso por grilhões de excesso de trabalho** — sem o mínimo (liberdade) para buscar felicidade, não tendo condições de alcançá-la.

A não observância do direito à desconexão do trabalhador tem potencial não só de impedir a busca pela felicidade, mas também de infligir dano à sadia qualidade de vida no meio ambiente do trabalho, o qual — se configurado — pode e deve ser indenizado. Fala-se de um dano à existência do trabalhador, como se verá a seguir.

3.9. Dano existencial

E quando o exercício do direito à desconexão do trabalho é negado? Quando o excesso de conectividade ao trabalho, imposto pelas demandas de um empregador ou tomador de serviços, impossibilita o exercício dos direitos ao descanso, ao lazer, à saúde e, em última instância, **à felicidade? Danos a projetos de vida invariavelmente ocorrem.**

O excesso de trabalho, além de afetar imediatamente a saúde física e psíquica, pode contribuir para a não **realização de sonhos** e aspirações naturais a qualquer ser humano. A sobrecarga sistemática de trabalho, **em longos períodos** totalmente à disposição do tomador de serviços, **compromete a liberdade de escolha do indivíduo em relação ao seu destino, afetando, por consequência, o respectivo projeto de vida.** Georgenor de Sousa Franco Filho observa, com fineza de pensamento:

> Quando os **projetos de vida do trabalhador são violados**, quando restam impossíveis de serem alcançados, e isso representa reflexos graves ao seu bem-estar psicológico estamos diante do que se chama dano existencial, ligado ao dano psicológico. Ocorre inúmeras vezes no âmbito de trabalho. São casos, *v. g.*, de negar permissão ao empregado para se ausentar temporariamente do trabalho a fim de prestar exame de vestibular, prejudicando-lhe o futuro profissional, ou impedir que desenvolva alguma prática desportiva, fora do horário do expediente, ou exigir-lhe sobrejornada frequente e não observar as regras do banco de horas, ou, desmotivadamente, cancelar as férias já concedidas prejudicando o empregado do convívio familiar. Evidente que, em casos dessa natureza, o prejuízo ao trabalhador é subjetivo, lhe está sendo negado o direito à felicidade (...), e, por corolário, a usufruir de alguns dos direitos contemplados no art. 6º da Constituição de 1988. **É praticamente unânime o entendimento de que a caracterização do dano existencial está ligada, na sua essência, à frustração de um projeto de vida do trabalhador** (Grifou-se — FRANCO FILHO, 2017, p. 272).

Rodolfo Pamplona e Luiz Carlos Vilas Boas (2014, p. 560) afirmam que "o dano existencial é entendido como aquele que inviabiliza o projeto de vida da vítima, que a impede de alcançar suas aspirações. Se o ato danoso faz com que a vítima não possa mais exercer determinadas atividades, a jurisprudência o tem qualificado como existencial".

Para Júlio César Bebber (2009, p. 28), "por dano existencial compreende-se toda lesão que compromete a liberdade de escolha e frustra o projeto de vida que a pessoa elaborou para sua realização como ser humano. Diz-se existencial exatamente porque o impacto gerado pelo dano provoca um vazio existencial na pessoa que perde a fonte de gratificação vital. (...) O fato injusto que frustra esse destino (impede sua plena realização) e obriga a pessoa a resignar-se com o seu futuro é chamado de dano existencial".

Importa ressaltar, entretanto, que não é qualquer impedimento ao exercício do direito à desconexão que implicará, necessariamente, em dano existencial. A caracterização do dano existencial, conforme abalizada doutrina, requer, além dos requisitos inerentes para configuração de qualquer dano, tal como a existência de prejuízo, o ato ilícito do agressor e o nexo de causalidade entre as duas figuras, dois elementos específicos, quais sejam: **o projeto de vida e a vida de relações** (Frota, 2010, p. 276).

A título de exemplo, a extensão extraordinária de jornada de trabalho, sem observância a intervalos mínimos para descanso ou lazer, por algumas semanas ou um mês, não implica, automaticamente, em dano existencial.

O **projeto de vida**, para Bebber (2009, p. 28), se refere a tudo aquilo que determinada pessoa decidiu fazer com a sua vida. Para o autor, o ser humano, por natureza, busca sempre extrair o máximo das suas potencialidades, o que o leva a permanentemente projetar o futuro e realizar escolhas visando a realização do projeto de vida. Por isso, o mesmo afirma que qualquer fato injusto que frustre esse destino, impedindo a sua plena realização e obrigando a pessoa a resignar-se com o seu futuro, deve ser considerado um dano existencial.

No tocante à **vida de relação**, para Almeida Neto (2005), o dano resta caracterizado, na sua essência, por ofensas físicas ou psíquicas que impeçam alguém de desfrutar total ou parcialmente, dos prazeres propiciados pelas diversas formas de atividades recreativas e extralaborais, como, por exemplo, a prática de esportes, o turismo, a pesca, o mergulho, o cinema, o teatro, as agremiações recreativas, entre tantas outras. Essa vedação interfere decisivamente no estado de ânimo do trabalhador atingindo, consequentemente, o seu relacionamento social e profissional. Reduz com isso suas chances de adaptação ou ascensão no trabalho, o que reflete negativamente no seu desenvolvimento patrimonial.

Para FROTA (2010, p. 277), o prejuízo **à vida de relação** diz respeito ao conjunto de relações interpessoais, nos mais diversos ambientes e contextos, que permite ao ser humano estabelecer a sua história vivencial e se desenvolver de forma ampla e saudável, ao comungar com seus pares a experiência humana, compartilhando pensamentos, sentimentos, emoções, hábitos, reflexões, aspirações, atividades e afinidades, e crescendo, por meio do contato contínuo (processo de diálogo e de dialética) em torno da diversidade de ideologias, opiniões, mentalidades, comportamentos, culturas e valores ínsitos à humanidade.

Importa mencionar que o dano à **vida de relação** não se dá somente por condutas reiteradas, sendo que um único ato pode causá-lo na vida do trabalhador, a exemplo do empregador que obriga o empregado a fazer jornada extraordinária no dia que o mesmo compareceria a um importante evento familiar.

Destaca-se ainda a proteção constitucional às relações familiares, como se pode perceber nos artigos transcritos a seguir:

Art. 226. A entidade familiar, base da sociedade, tem especial proteção do Estado.

Art. 227. É dever da família, da sociedade e do Estado assegurar à criança, ao adolescente e ao jovem, com absoluta prioridade, o direito à vida, à saúde, à alimentação, à educação, ao lazer, à profissionalização, à cultura, à dignidade, ao respeito, à liberdade e à convivência familiar.

Nas palavras de Ballestrero (2009, p. 163), a tutela da família não pode prescindir das normas que impõem ao tomador dos serviços o sacrifício de reconhecer ao trabalhador direitos cujo exercício pressupõe que ele saia do trabalho com tempo e energia para se dedicar ao seio de sua família.

No tocante à tutela do lazer e o direito ao descanso, que já foram tratados neste capítulo, os mesmos são fundamentais ao equilíbrio e saúde físicos e psíquicos do ser humano, sendo fundamentais inclusive ao desempenho da própria atividade laborativa.

Soares (2009, p. 37) comenta que a tutela à existência da pessoa resulta na valorização de todas as atividades que a pessoa realiza, ou pode realizar, tendo em vista que tais atividades são capazes de fazer com que o indivíduo atinja a felicidade, exercendo, plenamente, todas as faculdades físicas e psíquicas. Além disso, a felicidade é, em última análise, a razão de ser da existência humana.

O dano existencial e indenização correspondente já têm reconhecimento judicial pacificado pelo Tribunal Superior do Trabalho:

AGRAVO DE INSTRUMENTO EM RECURSO DE REVISTA DO AUTOR EM FACE DE DECISÃO PUBLICADA ANTES DA VIGÊNCIA DA LEI N. 13.015/2014. RESPONSABILIDADE CIVIL DO EMPREGADOR. DANOS EXTRAPATRIMONIAIS. **DANO EXISTENCIAL. CARACTERIZAÇÃO. JORNADA DE TRABALHO EXCESSIVAMENTE LONGA E DESGASTANTE.** Ao pretender se apropriar do conceito de existência, para envolvê-lo no universo do dever de reparação, o jurista não pode desconsiderar os aspectos psicológicos, sociológicos e filosóficos a ele inerentes. A existência tem início a partir do nascimento com vida — para alguns, até antes, desde a concepção —, e, desse momento em diante, tudo lhe afeta: a criação, os estímulos, as oportunidades, as opções, as contingências, as frustrações, as relações interpessoais. Por isso, não pode ser encarada simplesmente como consequência direta e exclusiva das condições de trabalho. Responsabilizar o empregador, apenas em decorrência do excesso de jornada, pela frustração existencial do empregado, demandaria isolar todos os demais elementos que moldaram e continuam moldando sua vida, para considerar que ela decorre exclusivamente do trabalho e do tempo que este lhe toma. Significaria passar por cima de sua história, para, então, compreender que sua existência depende tão somente do tempo livre que possui. É possível reconhecer o direito à reparação, quando houver prova de que as condições de trabalho efetivamente prejudicaram as relações pessoais do empregado ou seu projeto de vida. E mais: reconhecido esse prejuízo, é preciso sopesar todos os elementos outrora citados, como componentes da existência humana, para então definir em que extensão aquele fato isolado — condições de trabalho — interferiu negativamente na equação. Há precedentes. Na hipótese, o Tribunal Regional consignou que a imposição de jornada excessiva constitui grave violação de direitos trabalhistas, não obstante, concluiu que esse fato não é capaz de ensejar o reconhecimento automático do dano alegado, e, por consequência, o dever de indenizar. Decisão em consonância com a jurisprudência desta Corte. Incidência da Súmula n. 333 do TST. Agravo de instrumento a que se nega provimento. (TST-AIRR-1079-67.2010.5.20.0006. Rel. Ministro Cláudio Mascarenhas Brandão. DEJT 6.3.2017)

INDENIZAÇÃO POR DANO EXISTENCIAL. JORNADA DE TRABALHO EXTENUANTE. O dano existencial consiste em espécie de dano extrapatrimonial cuja principal característica é a frustração do projeto de vida pessoal do trabalhador, impedindo a sua efetiva integração à sociedade, limitando a vida do trabalhador fora do ambiente de trabalho e o seu pleno desenvolvimento como ser humano, em decorrência da conduta ilícita do empregador. O Regional afirmou, com base nas provas coligidas aos autos, que a reclamante laborava em jornada de trabalho extenuante, chegando a trabalhar 14 dias consecutivos sem folga compensatória, laborando por diversos domingos. Indubitável que um ser humano que trabalha por um longo período sem usufruir do descanso que lhe é assegurado, constitucionalmente, tem sua vida pessoal limitada, sendo despicienda a produção de prova para atestar que a conduta da empregadora, em exigir uma jornada de trabalho deveras extenuante, viola o princípio fundamental da dignidade da pessoa humana, representando um aviltamento do trabalhador. O entendimento que tem prevalecido nesta Corte é de que o trabalho em sobrejornada, por si só, não configura dano existencial. Todavia, no caso, não se trata da prática de sobrelabor dentro dos limites da tolerância e nem se trata de uma conduta isolada da empregadora, mas, como afirmado pelo Regional, de conduta reiterada em que restou comprovado que a reclamante trabalhou em diversos domingos sem a devida folga compensatória, chegando a trabalhar por 14 dias sem folga, afrontando assim os direitos fundamentais do trabalhador. Precedentes. Recurso de revista **conhecido** e **desprovido.** (TST-RR-1034-74.2014.5.15.0002. Rel. Ministro José Roberto Freire Pimenta. DJ 13.11.2015)

DANO MORAL. DANO EXISTENCIAL. SUPRESSÃO DE DIREITOS TRABALHISTAS. NÃO CONCESSÃO DE FÉRIAS. DURANTE TODO O PERÍODO LABORAL. DEZ ANOS. DIREITO DA PERSONALIDADE. VIOLAÇÃO. 1. A teor do art. 5º, X, da Constituição Federal, a lesão causada a direito da personalidade, intimidade, vida privada, honra e imagem das pessoas assegura ao titular do direito à indenização pelo dano decorrente de sua violação. **2.** O dano existencial, ou o dano à existência da pessoa, "consiste na violação de qualquer um dos direitos fundamentais da pessoa, tutelados pela Constituição Federal, que causa uma alteração danosa no modo de ser do indivíduo ou nas atividades por ele executadas com vistas ao projeto de vida pessoal, prescindindo de qualquer repercussão financeira ou econômica que do fato da lesão possa decorrer." (ALMEIDA NETO, Amaro Alves de. Dano existencial: a tutela da dignidade da pessoa humana. Revista dos Tribunais, São Paulo, v. 6, n. 24, mês out/dez, 2005, p. 68.). **3.** Constituem elementos do dano existencial, além do ato ilícito, o nexo de causalidade e o efetivo prejuízo, o dano à realização do projeto de vida e o prejuízo à vida de relações. Com efeito, a lesão decorrente da conduta patronal ilícita que impede o empregado de usufruir, ainda que parcialmente, das diversas formas de relações sociais fora do ambiente de trabalho (familiares, atividades recreativas e extralaborais), ou seja que obstrua a integração do trabalhador à sociedade, ao frustrar o projeto de vida do indivíduo, viola o direito da personalidade do trabalhador e constitui o chamado dano existencial. **4.** Na hipótese dos autos, a reclamada deixou de conceder férias à reclamante por dez anos. A negligência por parte da reclamada, ante o reiterado descumprimento do dever contratual, ao não conceder férias por dez anos, violou o patrimônio jurídico personalíssimo, por atentar contra a saúde física, mental e a vida privada da reclamante. Assim, face à conclusão do Tribunal de origem de que é indevido o pagamento de indenização, resulta violado o art. 5°, X, da Carta Magna. **Recurso de revista conhecido e provido, no tema.** (TST-RR-727-76.2011.5.24.0002. Rel. Ministro Hugo Carlos Scheuermann. DJ 28.6.2013)

RECURSO DE REVISTA. PROCESSO SOB A ÉGIDE DA LEI N. 13.015/2014 E ANTERIOR À LEI N. 13.467/2017. 1. INTERVALO INTERJORNADA. OJ N. 355/SBDI-I/TST. 2. HORAS *IN ITINERE*. SÚMULA N. 126/TST. 3. DANO EXISTENCIAL. PRESTAÇÃO EXCESSIVA, CONTÍNUA E DESARRAZOADA DE HORAS EXTRAS. CONFIGURAÇÃO. INDENIZAÇÃO POR DANOS MORAIS. CABIMENTO. 4. INDENIZAÇÃO POR DANOS MORAIS. VALOR DA CONDENAÇÃO. PRINCÍPIOS DA RAZOABILIDADE E PROPORCIONALIDADE OBSERVADOS. O excesso de jornada extraordinária, para muito além das duas horas previstas na Constituição e na CLT, cumprido de forma habitual e por longo período, tipifica, em tese, o dano existencial, por configurar manifesto comprometimento do tempo útil de disponibilidade que todo indivíduo livre, inclusive o empregado, ostenta para usufruir de suas atividades pessoais, familiares e sociais. A esse respeito é preciso compreender o sentido da ordem jurídica criada no País em cinco de outubro de 1988 (CF/88). É que a Constituição da República determinou a instauração, no Brasil, de um Estado Democrático de Direito (art. 1° da CF), composto, segundo a doutrina, de um tripé conceitual: a pessoa humana, com sua dignidade; a sociedade política, necessariamente democrática e inclusiva; e a sociedade civil, também necessariamente democrática e inclusiva (*Constituição da República e Direitos Fundamentais — dignidade da pessoa humana, justiça social e Direito do Trabalho*. 3. ed. São Paulo: LTr, 2015, Capítulo II). Ora, a realização dos princípios constitucionais humanísticos e sociais (inviolabilidade física e psíquica do indivíduo; bem-estar individual e social; segurança das pessoas humanas, ao invés de apenas da propriedade e das empresas, como no passado; valorização do trabalho e do emprego; justiça social; subordinação da propriedade à sua função social, entre outros princípios) é instrumento importante de garantia e cumprimento da centralidade da pessoa humana na vida socioeconômica e na ordem jurídica, concretizando sua dignidade e o próprio princípio correlato da dignidade do ser humano. Essa realização tem de ocorrer também no plano das relações humanas, sociais e econômicas, inclusive no âmbito do sistema produtivo, dentro da dinâmica da economia capitalista, segundo a Constituição da República Federativa do Brasil. Dessa maneira, uma gestão empregatícia que submeta o indivíduo a reiterada e contínua jornada extenuante, que se concretize muito acima dos limites legais, em dias sequenciais, agride todos os princípios constitucionais acima explicitados e a própria noção estruturante de Estado Democrático de Direito. Se não bastasse, essa jornada gravemente excessiva reduz acentuadamente e de modo injustificável, por longo período, o direito à razoável disponibilidade temporal inerente a todo indivíduo, direito que é assegurado pelos princípios constitucionais mencionados e pelas regras constitucionais e legais regentes da jornada de trabalho. Tal situação anômala deflagra, assim, o dano existencial, que consiste em lesão ao tempo razoável e proporcional, assegurado pela ordem jurídica, à pessoa humana do trabalhador, para que possa se dedicar às atividades individuais, familiares e sociais inerentes a todos os indivíduos, sem a sobrecarga horária desproporcional, desarrazoada e ilegal, de intensidade repetida e contínua, em decorrência do contrato de trabalho mantido com o empregador. **No presente caso**, ficou demonstrado que o Autor estava sujeito a jornada de trabalho extenuante, restando configurado o dano existencial reconhecido pelas Instâncias Ordinárias. **Recurso de revista não conhecido.** (TST-RR-352-25.2015.5.17.0101. Rel. Mauricio Godinho Delgado. DJT 13.3.2020)

Aqui um registro se faz necessário. Todo dano infligido à saúde do trabalhador, derivado de condições de seu meio ambiente de trabalho, representa — considerando a unidade do meio ambiente — um dano ambiental. Tal conclusão ganha relevância quando possibilita a aplicação, em intersecção com o Direito do Trabalho, da principiologia do Direito Ambiental.

Segundo Garcia (2015), a ocorrência de danos existenciais ambientais ainda é um tema pouco enfrentado pela doutrina, tratando-se de paradigma a ser construído pela jurisprudência e merecedor de especial atenção.

Para Leite e Ayala (2012), o dano moral ambiental também se manifesta como um dano reflexo (ou ricochete), referente à degradação ambiental causada individual ou coletivamente à pessoa, comunidade ou sociedade, gerando abalo emocional, desgosto e depressão capazes de abalar a normalidade da vida, tomada por sentimentos negativos decorrentes da degradação ambiental.

Segundo Garcia (2015), além do aspecto imaterial do dano moral ambiental, soma-se o dano ambiental existencial, que se configura, igualmente, um dano reflexo originário, direta ou indiretamente, da degradação ambiental. Todavia, o dano existencial difere nos reflexos e nas formas como se manifesta na vida do indivíduo ou da coletividade. No caso do dano ambiental existencial, os reflexos percebidos pela coletividade ou por um único indivíduo assumem uma intensidade maior, pelo fato que comprometem o modo de ser e de viver.

Os ofendidos passam a ter que lidar com uma verdadeira crise existencial, em que se questiona a atividade laboral, o local onde residem, os planos de vida, a criação dos filhos, colocando-se em questão a própria existência, deslocando a normalidade da vida do indivíduo, forçando-o a adotar uma forma degradada de existência, danificando sua dignidade (SATRE, 1997).

Não se deve perder de vista que o meio ambiente equilibrado, aí incluído o ambiente laboral, é condição essencial à dignidade da vida humana, devido a sua importância à sobrevivência e existência do homem.

O dano ambiental existencial se caracteriza quando é afetado o meio ambiente, em quaisquer de seus aspectos, comprometendo a qualidade de vida, a saúde e a rotina dos envolvidos, forçando essas pessoas a alterarem sua forma de vida, rotina, costumes, causando-lhes danos psicológicos que vão aquém de mero aborrecimento. O dano ambiental existencial ocorre quando as pessoas alteram seu modo de vida, degradando a qualidade de vida (GARCIA, 2015).

Por todo o exposto, o uso das novas tecnologias no contexto ambiental laboral, como aplicativos de mensagens instantâneas, de correio eletrônico e de monitoramento das atividades do trabalhador, a exemplo, podem alterar diversos aspectos na vida das vítimas, perpetrando danos psicológicos, induzindo a uma dependência tecnológica, a uma pressão constante de ter que responder imediatamente a seu empregador, prejudicando o direito ao lazer e ao descanso, direitos fundamentais constitucionalmente tutelados, bem como o direito à dignidade humana, configurado através do dano ambiental existencial.

Fica clara a necessidade de estabelecimento de limites legais claros à introdução das tecnologias no ambiente laboral, devendo o ordenamento jurídico, enquanto instrumento social, acompanhar a evolução da sociedade. O desenvolvimento tecnológico é uma realidade incapaz de retroceder, cada vez mais são inseridas novas ferramentas, que se mal utilizadas, podem permitir uma invasão na vida pessoal, no direito ao descanso e lazer do trabalhador e até mesmo perpetrar danos permanentes, prejudicando seus relacionamentos sociais e familiares e degradando sua qualidade de vida.

3.9.1. Indenização

Para melhor compreensão da indenização reflexa, devem ser esclarecidos os contornos jurídicos do dano correspondente. Para tanto, deve-se resgatar a sua origem no direito civil Italiano, que estabeleceu uma nova espécie de dano extrapatrimonial contida na responsabilidade civil.

Segundo CAHALI (1999), até a década de 1960, na Itália eram reconhecidas apenas duas espécies tradicionais de dano indenizável: o dano patrimonial e o dano moral, sendo que o último somente era passível de indenização nos exíguos casos previstos pela lei, originado de um crime, uma conduta penal típica, além de tais casos, havia previsão de responsabilização por indenização do dano imaterial nos casos de danos processuais (emprego de expressões ofensivas em textos jurídicos), de responsabilidade dos magistrados por dolo ou culpa grave no exercício da função, de injusta detenção e violação de normas de tratamento de dados pessoais.

Desse modo, o dano extrapatrimonial seria passível de indenização apenas quando o texto normativo previsse a ocorrência do mesmo, havendo expressiva lacuna normativa, no tocante aos danos causados por ilícitos civis (GARCIA, 2015).

Assim, os juristas italianos se convenceram da necessidade de ampliação da proteção da pessoa frente ao dano injusto, principalmente o moral, diante da barreira causada por falta de previsão legal de reparação do dano imaterial em decorrência do ilícito civil.

Então, na década de 1960, os juristas italianos aumentaram o leque das espécies de dano, classificando uma nova espécie, chamada de "**dano à vida da relação**", dando ao relacionamento em sociedade, à convivência, que atinge de forma indireta a vida laborativa da vítima (ALMEIDA NETO, 2005).

Para explicar essa hipótese de dano, Santos (2003) fala da relevância da vida e do relacionamento dos indivíduos em sociedade; segundo ele, "o homem não vive em solidão, mas em contato com outras pessoas. Não é um Robinson Crusoe, nem se compraz em viver distante da sociedade".

Houve o reconhecimento, por parte da doutrina italiana, que o homem precisa se relacionar em sociedade e praticar atividades recreativas com escopo de suportar as pressões externas do cotidiano. Tais atividades seriam essenciais ao bem-estar físico e psíquico da pessoa, favorecendo sua capacidade de continuar exercendo suas atividades produtivas e ampliando suas chances de crescimento profissional.

Assim, o dano à vida da relação seria a ofensa psíquica ou física a uma pessoa que a impede, total ou parcialmente, de desfrutar os prazeres propiciados por atividades recreativas, extralaborativas, interferindo decisivamente em seu estado de ânimo e, consequentemente, no seu relacionamento social e profissional, diminuindo suas chances de adaptação ou ascensão no trabalho, trazendo como consequência um reflexo patrimonial negativo (SANTOS, 2010).

Nas palavras de Bonvicini[88], as atividades recreativas são fonte de equilíbrio físico e psíquico, que compensam o intenso desgaste peculiar à vida agitada do homem moderno e seu incremento facilita o desenvolvimento e crescimento profissional.

Desta forma, o dano à vida da relação seria a ofensa física ou psíquica a uma pessoa que traz dificuldades em seu relacionamento com terceiros causando indiretamente prejuízos em sua capacidade laborativa e financeira.

Entretanto, para configuração de tal dano se exigia do ofendido prova que, em razão do dano, a vítima tivesse sofrido diminuição na capacidade de obter rendimentos, sendo assim, no fundo sempre se tratou de dano meramente patrimonial. Importante que a discussão sobre essa espécie de dano foi essencial ao estudo do dano existencial, que é uma ampliação do conceito de dano à vida da relação, com acréscimo que para ser configurado não é necessária repercussão econômica para a vítima, tendo em vista que toda pessoa tem o direito a não ser molestada em sua existência e tem direito a viver com dignidade e sem ser impedida de praticar atividades recreativas, mesmo que não interfira em sua capacidade laborativa ou de produzir rendimentos.

O abuso do poder diretivo e de fiscalização do empregador em face do trabalhador, quando desrespeitado seu direito à desconexão, invadindo sua vida privada, intimidade e prejudicando seu descanso e lazer através do uso das novas tecnologias, configura-se como ato ilícito. Este é indenizável nos termos do art. 927 e seguintes do Código Civil brasileiro.

Seguindo a mesma tendência da Itália, os Tribunais Regionais Trabalhistas e o Tribunal Superior do Trabalho reconhecem a pertinência de indenização por dano existencial, sob a alegação que excessivas horas extras, muitos anos sem férias ou comprometimento do tempo de descanso e lazer prejudicam o projeto de vida do trabalhador (GARCIA, 2015). Nesse sentido:

> DANO EXISTENCIAL. As condições em que era exercido o trabalho da reclamante no empreendimento do réu apontam a ocorrência de dano existencial, pois sua árdua rotina de trabalho restringia as atividades que compõe a vida privada lhe causando efetivamente um prejuízo que comprometeu a realização de um projeto de vida. No caso, a repercussão nociva do trabalho na reclamada na existência da autora é evidenciada com o término de seu casamento enquanto vigente o contrato laboral, rompimento que se entende provado nos autos que teve origem nas

---

(88) *Apud* MONTENEGRO, Antonio Lindberg C. *Ressarcimento de danos pessoais e materiais*. 7. ed. Rio de Janeiro: Lumen Juris, 2001. p. 98-99.

exigências da vida profissional da autora. Vistos, relatados e discutidos os autos. ACORDAM os magistrados integrantes da 4ª turma do Tribunal Regional do Trabalho da 4ª Região por maioria, DAR PARCIAL PROVIMENTO AO RECURSO DA RECLAMADA para fixar indenização por dano existencial a R$ 20.000,00. (TRIBUNAL REGIONAL DO TRABALHO DA 4ª REGIÃO. Recurso Ordinário 0001533-23.2012.5.04.0006. Relator: Desembargador André Reverbel Fernandes. Quarta Turma. Julgamento 10.7.2014. Publicação em 21.7.2014)

DANO EXISTENCIAL. JORNADA EXTRA EXCEDENTE DO LIMITE LEGAL DE TOLERÂNCIA. DIREITOS FUNDAMENTAIS. O dano existencial é uma espécie de dano imaterial, mediante o qual, no caso das relações de trabalho, o trabalhador sofre danos/limitações em relação à sua vida fora do ambiente de trabalho em razão de condutas ilícitas praticadas pelo tomador do trabalho. Havendo a prestação habitual de trabalho em jornadas extras excedentes do limite legal relativo à quantidade de horas extras, resta configurado dano à existência, dada a violação de direitos fundamentais do trabalho que integram decisão jurídico-objetiva adotada pela Constituição. Do princípio fundamental da dignidade da pessoa humana decorre o direito ao livre desenvolvimento da personalidade do trabalhador, nele integrado o direito ao desenvolvimento profissional, o que exige condições dignas de trabalho e observância dos direitos fundamentais também pelos empregadores (eficácia horizontal dos direitos fundamentais). Recurso provido. (Rio Grande do Sul, TRT, RO 105-14.2011.5.04.0241. Relator Des. José Felipe Ledur, 1ª Turma, Diário Eletrônico da Justiça do Trabalho, Porto Alegre, 3 jun. 2011)

Ainda na evolução da doutrina italiana, empreendeu-se a discussão sobre o dano biológico, não pertencente à categoria de dano moral, tampouco de dano patrimonial, sendo reconhecida a saúde como direito fundamental do indivíduo que merece tutela independente dos aspectos econômicos.

O dano biológico foi concebido como hipótese acolhida pelo art. 32 da Constituição Italiana, que reconhece o direito à saúde como direito fundamental de todos os cidadãos e jurisdicionados (GARCIA, 2015).

Dessa forma abriu-se o caminho para a tutela absoluta da pessoa e da dignidade humana, que logo seria alcançada com o reconhecimento do dano existencial, tendo em vista que se reconheceu a proteção de todo e qualquer dano de origem extrapatrimonial que assume afronta aos direitos fundamentais.

Segundo leciona Soares (2009), citando a obra de Giuseppe Cassano, na década de 1970, iniciou-se uma reformulação quanto ao entendimento jurisprudencial acerca da matéria e começaram a ser emitidos mais pronunciamentos judiciais, determinando a necessidade de proteger a pessoa contra atos que, em maior ou menor grau, atingissem o terreno de sua **atividade realizadora**.

Com a prolação da sentença 184/86 da Corte Constitucional italiana, admitindo o dano biológico com espécie de dano não patrimonial indenizável, logo a doutrina e a jurisprudência italianas buscaram a consagração definitiva da tutela indenizatória absoluta do ser humano contra quaisquer agressões ao direito de personalidade constitucionalmente garantido, cometidas por ilícitos civis ou penais e independente de comprovação de prejuízo econômico da vítima, tendo em vista que qualquer lesão a direitos fundamentais afronta também a dignidade do ser humano, devendo ser objeto de tutela e pretensão indenizatória (SOARES, 2009).

Surgiu o conceito de que lesão a direitos da personalidade configura lesão à existência da pessoa, por isso chamado de dano existencial, devendo ser reconhecido como espécie de dano indenizável e sujeito a responsabilização civil.

Dessa forma se difundiu a ideia nas cortes italianas de que a atividade que acaba por inundar a vida do indivíduo, seja ela remunerada ou não, e que seus efeitos reversos sobrestavam seus interesses íntimos, tal situação deveria ser considerada como um ato ilícito, passível de reparação, por causar a anulabilidade da pessoa e de suas relações (SOUZA, 2015).

Nas palavras de Almeida Neto (2005), o dano existencial consiste na violação de qualquer um dos direitos fundamentais da pessoa, tutelados constitucionalmente, que cause alterações danosas no modo de ser do indivíduo ou nas atividades por ele executadas com vistas a seu projeto de vida pessoal, independente de qualquer repercussão financeira ou econômica decorrente dessa lesão.

Seguindo o entendimento da doutrina, a corte de cassação italiana proferiu a sentença 500 de 22.07.1999 confirmando a possibilidade de responsabilização civil com escopo de reparar dano causado a um interesse legítimo sendo suficiente para acolher a pretensão indenizatória a demonstração dos requisitos a seguir: 1. **injustiça do dano;** 2. **lesão a um direito constitucionalmente garantido**.

Aos poucos, a jurisprudência foi admitindo a ampla e integral tutela à dignidade da pessoa humana, relativo ao dano biológico bem como a qualquer outra lesão de direitos igualmente garantidos constitucionalmente, configurando dano existencial (Almeida Neto, 2005).

Em 2003, a justiça italiana através da corte Constitucional, no julgamento da Decisão n. 233 de 11.7.2003, consolidou entendimento jurisprudencial quanto à distinção de três espécies de danos extrapatrimoniais, conforme menciona Facchini Neto (2013):

> **Dano moral subjetivo** seria a transitória perturbação do estado de ânimo da vítima; **dano biológico** em sentido estrito seria a lesão do interesse, constitucionalmente garantido, à integridade psíquica e física da pessoa, medicamente comprovada; ao passo que o **dano existencial** seria o dano derivado da lesão de outros interesses de natureza constitucional inerentes à pessoa. (grifou-se)

O dano existencial nasce para dar ampla e integral tutela à dignidade da pessoa humana, surgindo uma nova categoria de ressarcimento no campo da responsabilidade civil.

Nas palavras de Almeida Neto (2005), dano existencial seria qualquer dano que o indivíduo venha a sofrer nas suas atividades realizadoras. Nada mais é que a lesão a qualquer interesse juridicamente relevante à pessoa, ressarcível em suas consequências não patrimoniais.

O dano existencial fica totalmente definido quando comparado com os outros tipos de dano, contrariamente ao dano biológico, independe de lesão física ou psíquica. Em comparação ao dano moral, não se reduz a um sofrimento, mas uma renúncia a uma atividade concreta, em face do dano patrimonial, nem sempre causa uma redução da capacidade de obter rendimentos.

Nas palavras de Positano (2008), o dano existencial se caracteriza como prejuízo não econômico, não patrimonial e de abrangência ilimitada, à medida que qualquer privação ou lesão a atividades existenciais do ofendido pode dar azo ao ressarcimento.

O dano existencial, em suma, causa frustração no projeto de vida do ser humano, colocando-o em situação de manifesta inferioridade — no aspecto felicidade e bem-estar — comparada àquela antes de sofrer o dano, sem necessariamente importar em prejuízo econômico. Mais do que isso, ofende diretamente a dignidade da pessoa, retirando da mesma uma aspiração legítima. O ser humano deve ter o direito a programar sua vida da forma que melhor lhe pareça, sem a interferência nociva de ninguém (ALMEIDA NETO, 2005).

Firmado o conceito de dano existencial na Itália, os doutrinadores brasileiros logo tomaram conhecimento sobre a temática; ainda na década de 1970, Miranda (1971) mencionava o dano existencial em sua obra:

> "Dano à normalidade **da vida de relação**, é dano não patrimonial, sendo plenamente admissível a indenização fixada a tal título."

Posteriormente, em 1998, a Corte Interamericana de Direitos Humanos reconheceu o dano existencial como uma lesão a direito fundamental à pessoa a qual se vê preterida de desenvolver em plenitude suas potencialidades (SOUZA, 2015).

Na opinião de Schäfer e Machado (2013), o Estado Brasileiro submete-se à jurisdição da Corte Interamericana de Direitos Humanos, principalmente quando a matéria envolve as premissas básicas de direitos universais, mormente ligadas à responsabilidade civil e sua internalização no direito pátrio.

Ademais, a Constituição Federal de 1988 tutela de forma ampla os direitos da personalidade, assim como o Código Civil de 2002.

Pelo exposto, no ordenamento pátrio, os dispositivos legais que fundamentam o dano existencial são os mesmos que fundamentam a reparabilidade dos danos extrapatrimoniais, quais sejam o art. 1º, inciso III e os incisos V e X do art. 5º da Constituição Brasileira.

Art. 1º A República Federativa do Brasil, formada pela união indissolúvel dos Estados e Municípios e do Distrito Federal, constitui-se em Estado Democrático de Direito e tem como fundamentos:

(...)

III – a dignidade da pessoa humana;

Art. 5º Todos são iguais perante a lei, sem distinção de qualquer natureza, garantindo-se aos brasileiros e aos estrangeiros residentes no País a inviolabilidade do direito à vida, à liberdade, à igualdade, à segurança e à propriedade, nos termos seguintes:

(...)

V – é assegurado o direito de resposta, proporcional ao agravo, além da indenização por dano material, moral ou à imagem;

(...)

X – são invioláveis a intimidade, a vida privada, a honra e a imagem das pessoas, assegurado o direito a indenização pelo dano material ou moral decorrente de sua violação[89];

---

(89) BRASIL. Constituição (1988). *Constituição da República Federativa do Brasil*. Organização de Alexandre de Moraes. São Paulo: Atlas, 2015.

Há ainda respaldo na jurisprudência dos Tribunais Superiores como, por exemplo, nas súmulas abaixo transcritas:

SÚMULA N. 37 DO SUPERIOR TRIBUNAL DE JUSTIÇA — São cumuláveis as indenizações por dano material e dano moral oriundas do mesmo fato.[90]

SÚMULA N. 491 DO SUPREMO TRIBUNAL FEDERAL — É indenizável o acidente que cause a morte de filho menor, ainda que não exerça trabalho remunerado.[91]

O que nota-se pelos dispositivos transcritos é que, no direito brasileiro, qualquer ato doloso ou culposo que cause uma mudança de perspectiva no cotidiano do ser humano, alterando sua forma de viver, de forma danosa a seu projeto de vida pessoal, independente de repercussão financeira ou econômica, deve ser indenizado, posto que configura dano existencial.

O reconhecimento do dano existencial como modalidade de dano passível de reparação e responsabilização civil já é realizada pela jurisprudência pátria, o que pode ser verificado nas jurisprudências relacionadas a seguir, como consagração jurídica de tutela da dignidade da pessoa humana.

JORNADAS DE TRABALHO EXAUSTIVAS. DANO EXISTENCIAL. INDENIZAÇÃO. A realização pelo empregado, por longos períodos, de jornadas de trabalho exaustivas acarreta limitações em relação à sua vida fora do ambiente de trabalho e viola direitos fundamentais, configurando o chamado dano existencial. Hipótese em que constatado que em diversas oportunidades o reclamante cumpriu jornadas de trabalho superiores a 11 horas diárias, fazendo jus à indenização por dano moral. (PROCESSO: 0000136-93.2012.5.04.0016 RO)

Na doutrina brasileira, Soares (2009, p. 44) conceitua essa espécie de dano como:

O dano existencial se consubstancia na alteração relevante da qualidade de vida, vale dizer, em um "ter que agir de outra forma" ou um "não poder mais fazer como antes", suscetível de repercutir, de maneira consistente e, quiçá, permanente sobre a existência da pessoa.

O dano existencial é uma espécie do gênero dano extrapatrimonial, intimamente relacionado com a tutela do direito fundamental da pessoa humana de criar um projeto de vida para si, modificando significativamente seu modo de vida, nada mais é que imposição de condições negativas a um sujeito de direito, ainda que em suas atividades mais simples e cotidianas, desde que comprometam e afetem direitos constitucionalmente garantidos (GARCIA, 2015).

Para Bebber (2009), o dano existencial é uma lesão que compromete a liberdade de escolha, denominado como existencial, tendo em vista que seu impacto provoca um vazio existencial na pessoa, não prescindindo repercussão financeira ou econômica ou se assentando na esfera íntima, mas sim em decorrência de frustração de uma projeção que impede a realização pessoal, impondo-se ao ofendido relacionar-se de forma diferente no contexto social. Enquanto o dano moral se relaciona a um cunho psicológico que conduz a um abalo na normalidade do indivíduo, o dano existencial vai além, comprometendo sua forma de ser, de viver, seus valores e sua própria existência.

---

(90) Súmula n. 37/STJ — 26.10.2015.

(91) Súmula n. 491/STF — 26.10.2015.

Segundo Azevedo (2000), responsabilidade civil é a situação de indenizar o dano moral ou patrimonial, decorrente de inadimplemento culposo, de obrigação legal ou contratual, ou imposta por lei.

Considerando-se a principiologia do Direito Ambiental, aplicável a todos os aspectos do meio ambiente (inclusive o do trabalho), pode-se entender a responsabilidade civil como objetiva, conforme o art. 927, nos casos especificados em lei, ou quando a atividade normalmente desenvolvida pelo autor do dano implicar, por sua natureza, risco para os direitos de outrem. Note-se que o dano ambiental importa em responsabilidade civil objetiva, nos termos do art. 14 da Lei n. 6.938/81.

Dessa forma, é suficiente a existência da ação lesiva, do dano e do nexo com a fonte poluidora ou degradadora para atribuição do dever de reparação. Comprovada a lesão ambiental, torna-se indispensável que se estabeleça uma relação de causa e efeito entre o comportamento do agente e o dano dele advindo. Para tanto, não é imprescindível que seja evidenciada a prática de um ato ilícito, basta que se demonstre a existência do dano para o qual o exercício de uma atividade perigosa exerceu uma influência causal decisiva. Vale ressaltar que, mesmo sendo lícita a conduta do agente, tal fator torna-se irrelevante se dessa atividade resultar algum dano ao meio ambiente (LUIZ JUNIOR, 2005).

Necessário reiterar o conceito e os aspectos do meio ambiente, abordados no primeiro capítulo desta obra. Em se tratando do ambiente laboral aspecto do meio ambiente geral, qualquer dano perpetrado ao meio ambiente do trabalho dever ser considerado também como dano ambiental, pois importa em degradação de um dos aspectos do meio ambiente, que é uno e indivisível.

O dano ambiental, segundo Luiz Junior (2005), consiste no prejuízo causado a todos os recursos ambientais indispensáveis para a garantia de um meio ambiente ecologicamente equilibrado, provocando a degradação e consequentemente o desequilíbrio ecológico, sendo a pluralidade de vítimas a sua característica. O dano ambiental é a degradação e a alteração adversa das características do meio ambiente.

Nesse sentido, a responsabilidade civil do empregador que causa dano ao meio ambiente laboral e, por consequência óbvia, ao trabalhador, por abuso de seu poder diretivo ou fiscalizatório, como no caso de telepressão, de comunicação com o trabalhador em períodos que seriam dedicados tipicamente a seu lazer ou descanso, são agressões a um dos aspectos do meio ambiente, qual seja o meio ambiente laboral, portanto deve ser considerada como objetiva.

Levando-se em conta o perfil do bem jurídico tutelado (meio ambiente), adota-se a teoria do risco integral, dispensando qualquer prova de culpa e a possibilidade de qualquer excludente do fato ter sido praticado por terceiro, de culpa concorrente da vítima e de caso fortuito ou força maior, pois se vier a ocorrer o dano, cabe ao responsável por ele reparar, levando-se em conta a hipótese de ação regressiva. Porém, para se pleitear a reparação, surge a necessidade da demonstração do nexo causal entre a conduta e a lesão ao meio ambiente (LUIZ JUNIOR, 2005).

O dano ao ambiente laboral independe de culpa, sendo suficiente comprovar o risco do dano ao trabalhador, pois o simples fato de dispor do trabalhador fora do horário do expediente, em tempo que deveria ser dedicado ao descanso ou lazer, tendo em vista os direitos constitucionalmente garantidos ora desrespeitados, apresenta riscos efetivos à saúde do trabalhador.

Aplica-se ainda, a semelhança do que ocorre no direito do consumidor, em razão do já comentado princípio da precaução, a inversão do ônus da prova no caso de dano ambiental. Assim, caberá ao empregador provar que não causou o dano ou o risco de dano ao ambiente laboral e não ao trabalhador, parte hipossuficiente.

O valor da indenização deverá não só considerar o dano perpetrado, mas ainda deve desestimular este tipo de conduta por parte dos empregadores e tomadores de serviço, além disso, a reparação terá caráter social e não meramente individual, posto que o desrespeito aos direitos sociais possui importante repercussão social.

Nas palavras de Ballestrero (2009, p. 163), a tutela da família não pode prescindir das normas que impõe ao tomador dos serviços o sacrifício de reconhecer ao trabalhador direitos cujo exercício pressupõe que ele saia do trabalho com tempo e energia para se dedicar ao seio de sua família.

Bebber (2009, p. 29) também comenta sobre os elementos que devem ser observados pelo julgador na fixação do *quantum debeatur* referente ao dano existencial perpetrado. Segundo ele, deve-se levar em consideração para realizar a análise do dano existencial:

> a) a injustiça do dano. Somente dano injusto poderá ser considerado ilícito; b) a situação presente, os atos realizados (passado) rumo à consecução do projeto de vida e a situação futura com a qual deverá resignar-se a pessoa; c) a razoabilidade do projeto de vida. Somente a frustração injusta de projetos razoáveis (dentro de uma lógica do presente e perspectiva de futuro) caracteriza dano existencial. Em outras palavras: é necessário haver possibilidade ou probabilidade de realização do projeto de vida; d) o alcance do dano. É indispensável que o dano injusto tenha frustrado (comprometido) a realização do projeto de vida (importando em renúncias diárias) que, agora, tem de ser reprogramado com as limitações que o dano impôs.

No tocante à tutela do lazer e o direito ao descanso, que já foram tratados neste capítulo, os mesmos são fundamentais ao equilíbrio e saúde físicos e psíquicos do ser humano, sendo fundamentais inclusive ao desempenho da própria atividade laborativa.

Soares (2009, p. 37) comenta que a tutela à existência da pessoa resulta na valorização de todas as atividades que a pessoa realiza, ou pode realizar, tendo em vista que tais atividades são capazes de fazer com que o indivíduo atinja a felicidade, exercendo, plenamente, todas as faculdades físicas e psíquicas. Além disso, a felicidade é, em última análise, a razão de ser da existência humana.

Conclusão

O futuro chegou. Observadas as devidas proporções, tanto o futuro previsto no filme *Tempos Modernos*, quanto o descrito no livro *1984* de George Orwell, têm seus elementos presentes no atual cotidiano. Destaque especial para vaticínio feito pelo filme de Chaplin na cena em que uma linha de produção é fiscalizada por câmeras e controlada por ordens vociferadas através de enormes monitores. Uma única diferença para os dias atuais: no filme, as câmeras e monitores não acompanhavam Chaplin até sua casa; já hoje estes dispositivos estão nas bolsas e/ou bolsos dos trabalhadores e vão para residências, praças, *shoppings*. O Big Brother — em versão *smartphone* — acompanha a todos.

Nas últimas décadas houve uma revolução social causada pelo avanço tecnológico, com a inserção de meios de comunicação de última geração (*internet*, televisão, satélites, computadores, telefones celulares) que alteraram a forma de agir e pensar dos cidadãos. Avanços tecnológicos que modificaram os padrões de consumo e ainda influenciam de maneira inegável o ambiente político e econômico.

Vivemos na chamada sociedade da informação, na qual as notícias são transmitidas em tempo real e influenciam diretamente o comportamento humano, alterando ainda sua forma de viver, se relacionar e trabalhar.

Entramos também na era do hiper-trabalho, ilustrado pelo acrônimo ATAWAD, para *AnyTime, AnyWhere, AnyDevice*. O equilíbrio da vida profissional e pessoal está se tornando um dos principais tópicos da sociedade. Com as novas tecnologias, esta fronteira está desaparecendo gradualmente. A dependência de *internet* e *smartphones* tem contribuído, na prática, para uma conexão perpétua ao virtual, ao trabalho; tudo sem intervalos, sem desconexão.

O problema é de saúde pública. As pessoas estão preferindo a comunicação, o relacionamento, a vida, **virtual** a **real**. Estão viciadas no virtual, em especial nos seus *smartphones* (nomofobia). Aqui, sobreleva-se um dos problemas centrais desta obra: o que fazer quando "dependência" não é adquirida voluntariamente e sim derivada de imposição? sendo decorrente de exigências ligadas ao de contrato de trabalho? Quais os limites para uso de meios informatizados como ferramentas de produção no meio ambiente de trabalho?

Como exemplo, se considerarmos o número médio diário de *e-mails* e mensagens instantâneas recebidos por um trabalhador, este gastará várias horas do seu dia apenas gerenciando sua comunicação. Uma overdose que penaliza a todos. É hora de lidar com essa avalanche informacional. Os profissionais caíram na hiper-conexão. As empresas agora estão sufocadas por um novo mal, o da conectividade excessiva — às vezes dia e noite — por parte de seus funcionários.

Ora, **todo** trabalhador tem direito fundamental a **limite** de jornada de trabalho (inc. XIII, art. 7º CR). E nos termos deste limite, tem direito **ao não trabalho, tem direito à desconexão do trabalho**.

Por isso, ainda que pareça paradoxal a defesa do direito ao não trabalho quando, em âmbito mundial, em função de crises econômicas ou avanços tecnológicos, os postos de trabalho são reduzidos, é imperioso que não se admita retrocesso social. Ao trabalhador devem ser garantidos os direitos **à saúde, ao descanso e ao lazer.**

O descanso e o direito a desligar-se do trabalho apresentam-se essenciais ao bem--estar físico e mental do trabalhador, importando em sua qualidade de vida e saúde, sendo essencial até mesmo a sua produtividade, implicando, ainda, na observância de vários direitos constitucionais, como o lazer e ao meio ambiente sadio.

A base jurídica do direito à desconexão está fundamentada em vários direitos constitucionais conexos, em especial, **os direitos à saúde, ao descanso e ao lazer**. Relaciona-se, ainda, com a dignidade da pessoa humana e o meio ambiente sadio e equilibrado (art. 225), neste compreendido o do trabalho (inciso VIII, art. 200).

Entende-se assim o direito à desconexão como limite ao excesso de conectividade ao trabalho, garantidor de sadia qualidade de vida ao trabalhador. É o direito do direito do empregado, em seus momentos de folga, férias, feriados, ou ao fim de sua jornada diária, de não estar à disposição do empregador, devendo se desconectar totalmente de seus afazeres, com a finalidade de descansar e se revigorar física e mentalmente.

O fato é que a expansão da modalidade de teletrabalho no sistema mundial e no Brasil trata-se de fenômeno evolutivo e irreversível. As novas tecnologias influenciam diretamente na quebra de paradigmas tracionais, flexibilizando aspectos trabalhistas como o poder diretivo do empregador e a fiscalização do trabalho, entretanto, deve-se realizar um balanceamento entre os ganhos de produtividade e a segurança e de direitos sociais trabalhistas aos teletrabalhadores, fazendo com que os custos sociais sejam menores que os benefícios proporcionados pelo teletrabalho.

Neste contexto, o direito à desconexão é apresentado como um direito individual do trabalhador, direito que interessa ainda a sociedade e a sua família e cuja tutela evita inclusive a ocorrência de danos existenciais, capazes de modificar e degradar permanentemente a qualidade de vida do trabalhador.

Importante destacar que o homem enquanto ser social se realiza através dos relacionamentos (profissionais, pessoais e familiares), assim sua existência e qualidade de vida dependem do respeito a direitos como o descanso e o lazer, sendo essencial salvaguardar seu direito a desconectar-se do trabalho.

O excesso de trabalho, além de afetar imediatamente a saúde física e psíquica, pode contribuir para a não realização de sonhos e aspirações naturais a qualquer ser humano. A sobrecarga sistemática de trabalho, em longos períodos totalmente à disposição do tomador de serviços, compromete a liberdade de escolha do indivíduo em relação ao seu destino, afetando, por consequência, o respectivo projeto de vida. **Tem-se, então, caracterizado um impedimento da busca pela felicidade, um verdadeiro dano existencial.**

Importa ressaltar a necessidade da evolução, no ordenamento jurídico pátrio, de regras de tutela específica do direito ao não trabalho, consideradas as novas tecnologias inseridas no ambiente laboral, preservando o trabalhador em sua saúde, intimidade, privacidade e dignidade. Como já mencionado, o direito à desconexão além de ser direito do trabalhador, é direito da sociedade e da família, assim surge a necessidade de regulação do direito ao lazer e sua proteção estatal.

O direito à desconexão do trabalho deve, assim, permitir a refletir sobre a organização geral do trabalho na era digital. Quase duas décadas após a chegada de *e-mail* no mundo dos negócios. Isso não é redundante.

Referências Bibliográficas

ABREU, Cristiano Nabuco de; YOUNG, Kimberly S. *Dependência de internet:* manual e guia de avaliação e tratamento. Disponível em: <http://www.dependenciadeinternet.com.br/nabucocap08.pdf>. Acesso em: 28 jan. 2018.

AGUIAR, Antonio Carlos. *Direito do trabalho 2.0:* digital e disruptivo. São Paulo: LTr, 2018.

ANTUNES, Paulo de Bessa. *Manual de direito ambiental.* 5. ed. São Paulo: Atlas, 2013.

_____. Meio ambiente do trabalho. *Revista de Direitos Difusos*, São Paulo, v. 3, n. 15, p. 1.971-1.979, set./out. 2002.

ALTAVILA, J. de. *Origem dos direitos dos povos.* São Paulo: Melhoramentos, [s. d.].

ACETI JÚNIOR, Luiz Carlos. O Brasil precisa de um Instituto de Direito Ambiental. *Revista IOB de Direito Penal e Processual Penal*, v. 22/00, p. 04-05, 2000.

ALEXY, Robert. *Teoria dos direitos fundamentais.* Tradução de Virgílio Afonso da Silva. São Paulo: Malheiros, 2015.

ALEXANDRINO, Marcelo; PAULO, Vicente. *Direito constitucional descomplicado.* 3 ed. rev. e atual. Rio de Janeiro: Forense; São Paulo: Método, 2008.

ALMEIDA, Almiro Eduardo de; SEVERO, Valdete Souto. *Direito à desconexão nas relações sociais de trabalho.* 2. ed. São Paulo: LTr. 2016.

ALMEIDA NETO, Amaro Alves de. Dano existencial — A tutela da dignidade da pessoa humana. *Revista dos Tribunais*, São Paulo, v. 6, n. 24, out./dez. 2005.

ASHFORD, Nicholas A.; CALADART, Charles C. *Technology, law, and the working environment.* USA: Island Press, 1991.

ASIMOV, Isaac. *Eu, Robô.* Tradução Aline Storto Pereira. São Paulo: Aleph, 2014.

BATISTA, Márcio Oliveira. A regulação do direito ao lazer no resgate da dignidade humana do trabalhador e sua formação social. In: ALMEIDA, Roberto Ribeiro de; ARANDA, Javier Thibault; PEREZ DE LOS COBOS, Francisco. *El teletrabajo en España.* Madri: MTAS, 2001.

AZEVEDO, Álvaro Vilaça. *Teoria geral das obrigações.* 8. ed. São Paulo: RT, 2000.

BALLESTRERO, Maria Vittoria. La Conciliazione tra lavoro e famiglia. Brevi Considerazioni introduttive. *Lavoro e diritto*, anno XXIII, n. 2, primavera 2009.

BAPTISTA, Luiz Olavo; FERRAZ JUNIOR, Tercio Sampaio. *Novos caminhos do Século XXI — Direito internacional, filosofia jurídica e política, dogmática jurídica e direitos fundamentais – Uma homenagem a Celso Lafer.* 2. ed. rev. e atual. São Paulo: Juruá, 2013.

BARROS, Alice Monteiro de. *Curso de direito do trabalho.* 5. ed. São Paulo: LTr, 2009.

BARROS JÚNIOR, Antônio Carlos de. *Quem vê perfil não vê coração:* a ferida narcísica de desempregados e a construção de imagens de si no Facebook e no LinkedIn. Disponível em: <http://www.projectsevolution.com.br/Ebooks/Quem_Ve_Perfil_Nao_Ve_Coracao.pdf>. Acesso em: 28 jan. 2018.

BARROS, Juliana Medeiros de. *A utilização de meios eletrônicos no ambiente de trabalho:* a colisão entre os direitos à intimidade e à privacidade do empregado e o poder diretivo do empregador. São Paulo: LTr, 2012.

BEBBER, Júlio César. Danos extrapatrimoniais: estético, biológico e existencial. Breves considerações. *Revista LTr*, v. 73, n. 01, jan. 2009.

BELTRÃO, Silvio Romero. *Direitos de personalidade de acordo com o novo Código Civil.* São Paulo: Atlas, 2005.

BERCOVICI, Gilberto. *Soberania e Constituição:* para uma crítica do constitucionalismo. 2. ed. São Paulo: Quartier Latin, 2013.

BETIATTO, Ricardo. Teletrabalho: a reforma trabalhista em contraponto com as perspectivas Europeia e Italiana. In: *Revista do TRT da 9ª Região*, v. 7, n. 62, set./out. 2017.

BITENCOURT, Manoela de. O poder diretivo do empregador frente à privacidade do empregado. Texto constante da obra *Direito e tecnologia:* reflexões sociojurídicas. Porto Alegre: Livraria do Advogado, 2014.

BONAVIDES, Paulo. *Curso de direito constitucional.* 30. ed. São Paulo: Malheiros, 2015.

BOBBIO, Norberto. *A era dos direitos.* Trad. Regina Lyra. São Paulo: Campus, 2006.

BRASIL. *Lei n. 6.938/91.* Dispõe sobre a Política Nacional do Meio Ambiente, seus fins e mecanismos de formulação e aplicação, e dá outras providências. Brasília (DF): Congresso Nacional; 1991.

_____. *Código civil, 2002.* 60.ed. São Paulo: Saraiva, 2015.

_____. *Constituição da República Federativa do Brasil (1988).* Organização de Alexandre de Moraes. São Paulo: Atlas, 2015.

_____. SOBRATT — Sociedade Brasileira de teletrabalho e teleatividades. Disponível em: <http://www.sobratt.org.br/faq.html>. Acesso em: 21 de ago. 2015.

_____. Tribunal Regional do Trabalho da 4ª Região. *Recurso Ordinário 0001533-23.2012.5.04.0006.* Relator: Desembargador André Reverbel Fernandes. Quarta Turma. Julgamento 10.7.2014. Publicação em 21.7.2014.

_____. Rio Grande do Sul, TRT. *Recurso Ordinário 105-14.2011.5.04.0241.* Relator Des. José Felipe Ledur, 1ª Turma, *Diário Eletrônico da Justiça do Trabalho*, Porto Alegre, 3 jun. 2011.

BRUGGER, Paula. Ciência hoje. In: *SBPC*, v. 24, n. 141, ago. 1998.

BOUCINHAS FILHO, Jorge Cavalcanti; ALVARENGA, Rúbia Zanotelli de. O dano existencial e o direito do trabalho. *Revista do Tribunal Superior do Trabalho*, São Paulo, v. 79, n. 2, p. 240-261, abr./jun. 2013.

CAHALI, Yussef Sahid. *Dano moral.* 2. ed. São Paulo: Revista dos Tribunais, 1999.

CALDAS, RA. *A construção de um modelo de arcabouço legal para ciência, tecnologia e inovação.* Parcerias Estratégicas, 2001.

CALVET, Otávio. *O direito ao lazer nas relações de trabalho.* São Paulo: LTr, 2006.

COLNAGO, Lorena de Mello Rezende; CHAVES JUNIOR, Jose Eduardo de Resende; ESTRADA, Manuel Martin Pino. *Teletrabalho.* São Paulo: LTr, 2017.

CORNELLA, Alfons. *Infoxicación:* buscando un orden en la información. 2. ed. Barcelona: Zero Factory, 2010.

CAMPOS, Amália Rosa de; FINCATO, Denise; MATTE, Maurício; GUIMARÃES, Cíntia (Orgs.). *Direito e tecnologia:* reflexões sociojurídicas. Porto Alegre: Livraria do Advogado, 2014.

CASTRO, Henrique Hoffmann Monteiro de. *Do direito público subjetivo à saúde:* conceituação, previsão legal e aplicação na demanda de medicamentos em face do Estado-membro. Santa Catarina: Egov, 2011. Disponível em: <http://jus2.uol.com.br/doutrina/texto.asp?id=6783> Acesso em: 21 jul. 2015.

CANOTILHO, J. J. Gomes; MOREIRA, V. *Fundamentos da Constituição.* Coimbra: Coimbra Editora, 1991.

_____. *Constituição dirigente e vinculação do legislador.* Contributo para compreensão das normas constitucionais programáticas. Coimbra: Coimbra Editora, 1994.

_____. *Direito constitucional e teoria da Constituição.* 2 ed. Coimbra: Almedina, 1999.

CAVALIERI FILHO, Sergio. *Programa de sociologia jurídica.* 10. ed. Rio de Janeiro: Forense, 2002.

CARNEIRO, Ricardo. *Direito ambiental:* uma abordagem econômica. Rio de Janeiro: Forense, 2003.

CASANOVAS, P. *Internet y pluralismo jurídico:* formas emergentes de regulación. Granada: Comares, 2003.

CASSAR, Vólia Bomfim. *Direito do trabalho.* 6. ed. Rio de Janeiro: Impetus, 2012.

_____. Reflexos do avanço da tecnologia e da globalização nas relações de trabalho: novas profissões e métodos de execução do trabalho. *Revista LTr,* v. 74, p. 406-414, 2010.

CASTELLÓ MARTINEZ, A. *Estratégias empresariales em la web.* Alicante: Club Universitario, 2010. Disponível em: <http://books.google.com.br/books?id>. Acesso em: 23 ago. 2015.

CASTELIS, M. *A galáxia internet.* Lisboa: Calouste Gulbenkian, 2004.

COELHO, Carlos. Máquina pensante desafia fronteiras da tecnologia. *Gazeta do Povo.* 17.06.2016. Disponível em: <https://www.gazetadopovo.com.br/economia/inteligencia-artificial/maquina--pensante-desafia-fronteiras-da-tecnologia-bgs1ui5dcfgbwckmeqo3r38n6>. Acesso em: 20 abr. 2020.

CONSENTINO, L. Aspectos evolutivos da interação homem-máquina: tecnologia, computador e evolução humana. In: *Psicologia e informática: produções do III Psicoinfo e II Jornada NPPI,* 1. ed., São Paulo, Conselho Regional de Psicologia.

COSTA, Cândido Anchieta. O monitoramento do empregado por meios eletrônicos e o direito à privacidade do empregado do ambiente de trabalho. Texto constante da obra *Direito e Tecnologia: Reflexões Sociojurídicas.* Porto Alegre: Livraria do Advogado, 2014.

CURY, Ieda Tatiana. *Direito fundamental à saúde:* evolução, normatização e efetividade. Rio de Janeiro: Lumen Juris, 2005.

CRUZ, Priscila Aparecida Silva; ALVES, Marianny (Orgs.). *Direitos humanos em um contexto de desigualdades.* São Paulo: Boreal, 2012.

DALLARI, Sueli. *Direito à saúde.* Rio de Janeiro: DHNet, 2014. Disponível em: <http://www.dhnet.org.br/educar/redeedh/bib/dallari3.htm>. Acesso em: 17 mar 2015.

DERANI, Cristiane. *Direito ambiental econômico.* 3. ed. São Paulo: Saraiva, 2013.

DI PIETRO, Maria Sylvia Zanella. *Direito administrativo.* 15. ed. São Paulo: Atlas, 2003.

ELIAS, Paulo Sá. *Algoritmos, inteligência artificial e o direito.* Disponível em: <file:///C:/Users/home/Desktop/EU,%20ALGORÍTIMO/algoritmos-inteligencia-artificial.pdf>. Acesso em: 21 fev. 2020.

ELSNER, Larissa de Oliveira. Das repercussões psicológicas que o isolamento pode conferir aos teletrabalhadores. Texto constante da obra: *Direito e tecnologia:* reflexões sociojurídicas. CAMPOS, Amália Rosa de *et al.* Porto Alegre: Livraria do Advogado, 2014.

FACCHINI NETO, Eugênio. Danos existenciais: precificando lágrimas? Vitória: *Revista de direitos e garantias fundamentais*, 2012. Disponível em: <http://www.fdv.br/sisbib/index.php/direitosegarantias/article/view/408>. Acesso em: 19 maio 2016.

FARAH, R.; FORTIM, I. (Orgs.). *Relacionamentos na era digital*. São Paulo: Giz Editorial, 2007.

FELICIANO, Guilherme Guimarães; URIAS, João; MARANHÃO, Ney; SEVERO, Valdete Souto. (Coords.). *Direito ambiental do trabalho*; v. 2: apontamentos para uma teoria. São Paulo: LTr, 2015.

_____; TREVISO, Marco Aurélio Marsiglia; FONTES, Saulo Tarcísio de Carvalho. (Orgs.). *Reforma trabalhista*: visão, compreensão e crítica. 1. ed. São Paulo: LTr, 2017,. v. 1.

_____; PASQUALETO, Olívia de Quintana Figueiredo. (Re)descobrindo o direito do trabalho: *Gig economy*, uberização do trabalho e outras reflexões. *JOTA.info*, 6 maio 2019. Disponível em: <https://www.jota.info/opiniao-e-analise/colunas/juizo-de-valor/redescobrindo-o-direito-do-trabalho-06052019>. Acesso em: 20 fev. 2020.

FERNANDES, Fábio. *Meio ambiente geral e meio ambiente do trabalho*: uma visão sistêmica. São Paulo: LTr, 2009.

FERREIRA, Luiz Pinto. *Curso de direito constitucional*. São Paulo: Saraiva, 1999.

FINCATO, Denise Pires (Org.). *Novas tecnologias e relações de trabalho*. Porto Alegre: Magister, 2011.

_____. Teletrabalho: estudos para regulamentação a partir do direito comparado. FINCATO, Denise Pires (Org.). *Novas tecnologias e relações de trabalho*: reflexões. Porto Alegre: Magister, 2011.

_____. Trabalho e tecnologia: reflexões. Texto constante da obra *Direito e tecnologia*: reflexões sociojurídicas. Porto Alegre: Livraria do Advogado, 2014.

_____. Teletrabalho: uma análise juslaboral. In: *Justiça do trabalho*, Porto Alegre, ago. 2003.

FIORILLO, Celso Antônio Pacheco. *Curso de direito ambiental brasileiro*. 8. ed. rev., atual. e ampl. São Paulo: Saraiva, 2007.

FIGUEIREDO, Guilherme José Purvin de. *Direito ambiental e a saúde dos trabalhadores*. 2. ed. São Paulo: LTr, 2007.

FIGUEIREDO, Mariana Filchtiner. *Direito fundamental à saúde*: parâmetros para sua eficácia e efetividade. Porto Alegre: Livraria do Advogado, 2007.

FONSECA, Vicente José Malheiros da. Meio ambiente do trabalho e a saúde do trabalhador. In: FELICIANO, Guilherme Guimarães *et al* (Coords.). *Direito ambiental do trabalho*: apontamentos para uma teoria Geral. Vol. 2. São Paulo: LTr, 2015.

FRANCO FILHO, Georgenor de Sousa. *Curso de direito do trabalho*. 3. ed. São Paulo: LTr, 2017.

_____. *Intimidade e privacidade do trabalhador no direito internacional e comparado*. São Paulo: LTr, 2016.

FREITAS, Vladimir Passos de. *Direito administrativo e meio ambiente*. 3. ed. Curitiba: Juruá, 2001.

FROTA, Hidemberg Alves da. Noções fundamentais sobre o dano existencial. *Revista Ciência Jurídica*, Belo Horizonte, v. 24, 2010.

FLUMIAN, Michel Ernesto. *Direito fundamental à saúde*: políticas econômicas e sociais de atenção básica e os balizadores da prestação jurisdicional. 2008. 225 f. Dissertação (Mestrado). Centro Universitário Unitoledo de Araçatuba.

GARATTONI, Bruno; SZKLARZ, Eduardo. *Smartphone*: o novo cigarro. *Superinteressante*. São Paulo: n. 408, out. 2019.

GARCIA. Fernando Murilo Costa. *Dano ambiental existencial — Reflexos do dano aos pescadores artesanais*. Curitiba: Juruá, 2015.

GÓIS, F.; TORRES, R. Cristovam: felicidade é cola e despertador dos direitos sociais. *Congresso em Foco*, 1º jun. 2010. Disponível em: <http://congressoemfoco.uol.com.br/noticia.asp?cod_Canal=12&cod_Publicacao=33133>. Acesso em: 31 nov. 2018.

GOMES, Christianne Luce. Lazer e descanso. Seminário de Lazer em debate, 9, 2008, São Paulo. *Anais*. São Paulo: USP, 2008, p. 1-15. Disponível em: <http://www.uspleste.usp.br/eventos/lazeredebate/anais-christianne.pdf.pdf> .Acesso em: 23 out. 2015.

GONÇALVES, Simone Cruxên. *Limites do jus variandi do empregador*. São Paulo: LTr, 1997.

GOULART, Lucar Moser. Aspectos do trabalho na sociedade "dita" digital. *Direito e tecnologia*: reflexões sociojurídicas. Porto Alegre: Livraria do Advogado, 2014.

GUEDES, Márcia Novaes. *Terror psicológico no trabalho*. 2. ed. São Paulo: LTr, 2005.

GRAF, Ana Cláudia Bento. O direito a informação ambiental. In: FREITAS, Vladimir Passos de (Org.). *Direito Ambiental em evolução*. 2. ed. Curitiba, 2005.

GRANJA, Cícero Alexandre. *O direito ambiental e a responsabilidade civil pelo dano ocasionado*. Santa Catarina: Egov, 2012. Disponível em: <http://www.egov.ufsc.br/portal/conteudo/o-direito-ambiental--e-responsabilidade-civil-pelo-dano-ocasionado>. Acesso em: 23 out. 2015.

HIRIGOYEN, Marie-France. *Mal-estar no trabalho*: redefinindo o assédio moral. Tradução de Rejane Janowitzer. Rio de Janeiro: Bertrand Brasil, 2002.

HUMENHUK, Hewerstton. *O direito à saúde no Brasil e a teoria dos direitos fundamentais*. Santa Catarina: Jus Navigandi, 2004. Disponível em: <https://jus.com.br/artigos/4839/o-direito-a-saude--no-brasil-e-a-teoria-dos-direitos-fundamentais>. Acesso em: 17 jun. 2015.

LEWICKI, Bruno. *A privacidade da pessoa humana no ambiente de trabalho*. Rio de Janeiro: Renovar, 2003.

LOSCAR, Carlos Afonso Mello. Tecnopedagogia dos *smartphones*: a perspectiva ecológica de um Hermes supliciado. In: *Comunicação e cultura digital*. Disponível em: <http://www.assibercom.org/download/Ibercom_2015_Anais_DTI-6.pdf>. Acesso em: 18 jan. 2018.

LUIZ JUNIOR, José. *Responsabilidade civil por danos ambientais*. Rio de Janeiro: Direito Net, 2005. Disponível em: <http://www.direitonet.com.br/artigos/exibir/1934/Responsabilidade-civil-por-danos--ambientais>. Acesso em: 23 out. 2015.

MACEIRA, Irma Pereira. *A proteção do direito à privacidade familiar na internet*. Tese (doutorado em ciências sociais) Pontifícia Universidade Católica de São Paulo, 2012. Disponível em: <http://www.sapientia.pucsp.br//tde_busca/arquivo.php?codArquivo=14521>.

MACHADO, Paulo Affonso Leme. *Direito ambiental brasileiro*. 14. ed. rev., atual. e ampl. São Paulo: Malheiros, 2006.

MAGANO, Octávio Bueno. *Do poder diretivo na empresa*. São Paulo: Saraiva, 1982.

MARANHÃO, Ney. *Poluição labor-ambiental*: abordagem conceitual da degradação das condições de trabalho, da organização do trabalho e das relações interpessoais travadas no contexto laboratório. 1. ed. Rio de Janeiro: Lumen Juris, 2017.

_____; TUPINAMBÁ, P. T. (Orgs.) . *O mundo do trabalho no contexto das reformas*: análise crítica. 1. ed. São Paulo: LTr, 2017. v. 1.

MARTINEZ, Luciano; TEIXEIRA FILHO, João de Lima. *Comentários à Constituição de 1988 em matéria de Direitos Sociais Trabalhistas:* uma homenagem aos 30 anos da Constituição da República e aos 40 anos da Academias Brasileira de Direito do Trabalho. São Paulo: LTr, 2019.

MANTOVAL JUNIOR, Laerte. *O direito constitucional à intimidade e à vida privada do empregado e o poder diretivo do empregador.* São Paulo: LTr, 2010.

MARCONDES FILHO, C. Haverá vida após internet? *Famecos,* Porto Alegre, n. 16, dez. 2001.

MARETO, Elisangela Belote. *Do direito à desconexão do trabalho.* São Paulo: Jusbrasil, 2013. Disponível em: <http://www.altoeadvocare.adv.br/site/conteudo.asp?codigo=804>. Acesso em: 23 out. 2015.

MARTINEZ, Luciano. *Curso de direito do trabalho.* 6. ed. São Paulo: Saraiva, 2015.

MARTINS, Sérgio Pinto. *Direitos fundamentais trabalhistas.* São Paulo: Atlas, 2008.

MARTINS, Josiane Jesus; NASCIMENTO, Eliane Regina Pereira do. *A tecnologia e a organização do trabalho da enfermagem na UTI.* Arq. Catarin. Med. 2005, out./dez.

MARTINS, Sérgio Pinto. Teletrabalho. *Revista Síntese Trabalhista e Previdenciária,* São Paulo, v. 279, n. 24, p. 85-105, set. 2012.

MARX, Karl. *O capital.* Rio de Janeiro: Civilização Brasileira, 1975a.

MEIRELLES, Elizabeth de Almeida. O princípio da precaução e o aporte de Guido Fernando Silva. In: SOARES, Guido Fernando; CASELLA, Paulo Borba *et. al.* (Orgs.). *Direito internacional, humanismo e globalidade.* São Paulo: Atlas, 2008.

MELLO, Gabriela. Candidatos a entregador do *iFood* mais que dobram após coronavírus. *Reuters,* 1º abr. 2020. Disponível em: <https://economia.uol.com.br/noticias/reuters/2020/04/01/candidatos--a-entregador-do-ifood-mais-que-dobram-apos-coronavirus.htm>. Acesso em: 24 abr. 2020.

MELO, Raimundo Simão de. *Direito ambiental do trabalho e a saúde do trabalhador.* 4. ed. São Paulo: LTr, 2010.

MELO, Sandro Nahmias; ALBUQUERQUE, Iza Amélia de Castro. O direito ambiental do trabalho e os instrumentos de prevenção de riscos ambientais previstos em normas previdenciárias. *XXIII Congresso Nacional do CONPEDI/UFPB.* A humanização do direito e a horizontalização da justiça no Século XXI. ISBN: 978-85-68147-58-0, p. 265-284. Disponível em: <http://www.publicadireito.com.br/artigos/?cod=e6782087caa96793>. Acesso em: 10 ago. 2017.

_____; CAMARGO, Thaísa Lustosa de. *Princípios de direito ambiental do trabalho.* São Paulo: LTr, 2013.

_____; FERREIRA, Marie Joan. O princípio da busca da felicidade e o meio ambiente do trabalho. In: *Revista LTr,* jan. 2019.

_____. *Meio ambiente do trabalho: direito fundamental.* São Paulo: LTr, 2001.

_____. *O direito ao trabalho da pessoa portadora de deficiência:* ação afirmativa. São Paulo. LTr, 2004.

_____. O direito ambiental do trabalho e o princípio da precaução. In: ROSSI, Alexandre; CRESTANA, Silvio; CASTELLANO, Elisabete Gabriela (Editores técnicos e Orgs.). *Direitos fundamentais e o direito ambiental.* 1. ed. Brasília: EMBRAPA, 2015. v. 2.

_____. Greve ambiental: direito de exercício coletivo. *Revista LTr,* Legislação do Trabalho, v. 79, p. 1.450-1.458, 2015.

_____. Teletrabalho, controle de jornada e direito à desconexão. *Revista LTr,* Legislação do Trabalho, São Paulo, SP, v. 81, n. 9, p. 1.094-1.099, set. 2017.

_____.Teletrabalho e controle de jornada. In: FELICIANO, Guilherme Guimarães; TREVISO, Marco Aurélio Marsiglia; FONTES, Saulo Tarcísio de Carvalho. (Orgs.). *Reforma trabalhista*: visão, compreensão e crítica. 1. ed. São Paulo: LTr, 2017, v. 1, p. 87-94.

MIGLIARI JUNIOR, Arthur. *Crimes ambientais*. 2. ed. São Paulo: CS Edições, 2004.

MILARÉ, Édis. *Direito do ambiente*. 9. ed. São Paulo: Revista dos Tribunais, 2014.

MIRANDA, Francisco Cavalcanti Pontes de. *Tratado de direito privado*. 3. ed. Rio de Janeiro: Borsoi, 1971.

MORAIS, José Luis Bolzan de. Do direito social aos interesses transindividuais: o estado e o direito na ordem contemporânea. *Imprensa*, Porto Alegre, Livraria do Advogado, 1996.

MORAES, Alexandre de. *Direitos humanos fundamentais*: teoria geral, comentários aos arts. 1º a 5º da Constituição da República Federativa do Brasil, doutrina e jurisprudência. 7 ed. São Paulo: Atlas, 2006.

MONTENEGRO, Antonio Lindberg C. *Ressarcimento de danos pessoais e materiais*. 7. ed. Rio de Janeiro: Lumen Juris, 2001.

MURARO, Rose Marie. *Os avanços tecnológicos e o futuro da humanidade: querendo ser Deus?* Petrópolis: Vozes, 2009.

NASSER FERREIRA, Jussara. BORGES, Jussara S.A.; RIBEIRO, Maria de Fátima Ribeiro (Orgs.). *Direito empresarial contemporâneo*. Marília: UNIMAR; São Paulo: Arte & Ciência, 2007.

NEDER, Vinicius. Aumento do trabalho por conta própria pode ser estrutural, relacionado a aplicativos, aponta o Ipea. *O Estado de S. Paulo*, 12 dez. 2019. Disponível em: <https://economia.estadao.com.br/noticias/geral,aumento-do-trabalho-por-conta-propria-pode-ser-estrutural-relacionado-a--aplicativos-aponta-ipea,70003123328>. Acesso em: 20 fev. 2020.

NEVES, Ingrid Cruz de Souza; NEVES, Isabelli Cruz de Souza; SILVA, Rinaldo Mouzalas de Souza e. Direito ambiental do trabalho, o meio ambiente do trabalho, uma aproximação interdisciplinar. In: FELICIANO, Guilherme Guimarães *et al* (Coord.). *Direito ambiental do trabalho*: apontamentos para uma teoria Geral. Vol. 2. São Paulo: LTr, 2015.

OLIVARES, Raquel Serrano. Reflexiones em torno a la ley aplicable al ciberempleo transnacional. In: GUANTER, Salvador Del Rey. Dir. & PARRA, Manuel Luque (Coords.). *Relaciones laborales y nuevas tecnologias*. Madrid: La Ley, 2005.

OLIVEIRA, Márcio Batista de. O direito ao lazer na formação do homem social. In: *Âmbito jurídico*, Rio Grande, XII, n. 76, maio 2010. Disponível em: <http://www.ambito-juridico.com.br/site/index.php?n_link=revista_artigos_leituraartigo_id=7406>. Acesso em: 24 out. 2015.

OLIVEIRA, Paulo Eduardo V. *O dano pessoal no direito do trabalho*. 2. ed. São Paulo: LTr, 2010.

OLIVEIRA, Sebastião Geraldo de Oliveira. *Proteção jurídica à saúde do trabalhador*. 6. ed. São Paulo: Saraiva, 2011.

_____. O dano extrapatrimonial trabalhista após a Lei n. 13.467/2017. *Revista LTr*, Legislação do Trabalho, v. 9, p. 1.054-1.068, 2017.

OMS — Organização Mundial da Saúde. *Constituição da Organização Mundial da Saúde (OMS/WHO) – 1946*. USP. Disponível em: <http://www.direitoshumanos.usp.br/index.php/OMS-Organização--Mundial-da-Saúde/constituicao-da-organizacao-mundial-da-saude-omswho.html>. Acesso em: 10 abr. 2016.

ONU — Organização das Nações Unidas. *Declaração Universal dos Direitos Humanos, 1948*. Disponível em: <http://www.onu-brasil.org.br/documentos_direitoshumanos.php>. Acesso em: 29 jun. 2015.

_____. *Declaração sobre o Direito ao Desenvolvimento, 1986.* Disponível em: <http://www.dhnet. org.br/direitos/sip/onu/spovos/lex170a.htm>. Acesso em: out. 2015.

_____. *Carta de direitos e deveres econômicos dos Estados,* 1974.

ORDACGY, André da Silva. A tutela de saúde como um direito fundamental ao cidadão. *Revista da Defensoria Pública da União*, Brasília, n. 1, p. 16-5, jan. 2009. Disponível em: <http://www.dpu.gov. br/pdf/artigos/artigo_saude_andre.pdf>. Acesso em: 17 jun. 2015.

PADILHA, Norma Sueli. *Do meio ambiente do trabalho equilibrado.* São Paulo: LTr, 2002.

_____. *Fundamentos constitucionais do direito ambiental brasileiro.* Rio de Janeiro: Elsevier, 2010.

PAMPLONA FILHO, Rodolfo; ANDRADE JÚNIOR, Luiz Carlos Vilas Boas. A torre de babel das novas adjetivações do dano. *Revista LTr*, São Paulo, v. 78, n. 5, p. 560, maio 2014.

PAULINO, Maria Lúcia Avelar Ferreira. *As relações de emprego na era da internet:* a violação da intimidade do empregado *versus* poder diretivo do empregador. 2008. Dissertação (Mestrado em Direito do Trabalho e Seguridade Social), Universidade de São Paulo, 2008. Disponível em: <http:// www.teses.usp.br/teses/disponiveis/2/2138/tde-31032009-092137/pt-br.php>.

PLÁ RODRIGUEZ, Américo. *Princípios de direito do trabalho.* 3. ed. São Paulo: LTr, 2015.

PEDREIRA, P. O teletrabalho. *Revista LTr*, v. 54, n. 5, 2000.

PEYTON, Pauline Rennie. *Dignity at work.* USA: Brunner-Routledge, 2003.

PORTO, Noemia. A garantia fundamental da limitação da jornada: entre a constituição e o art. 62 da CLT. In: *Rev. TST*, Brasília, vol. 75, n. 2, abr./jun. 2009.

_____. Duração do Trabalho e a Lei n. 13.467/2017: Desafios Reais da Sociedade do Presente na Contramão da "Reforma Trabalhista". In: *Rev. TST*, São Paulo, vol. 83, n. 4, out./dez. 2017.

POSITANO, Gabriele. Il dano esistenziale. Relazione all'incontro di formazione sul tema "Il danno esistenziale", Lecce 23-24 maggio 2008. Disponível em: <http://www.studirgiuridici.unile.it/medici-nalegale/documenti/gabrielepositano.htm>. Acesso em: 17 maio 2016.

PRICE, Catherine. *Celular:* como dar um tempo — o plano de 30 dias para se livrar da ansiedade e retomar a sua vida. Tradução Guilherme Miranda. 1. ed. São Paulo: Fontanar, 2018.

RAMPAZZO SOARES, Flaviana. *Responsabilidade civil por dano existencial.* Porto Alegre: Livraria do Advogado, 2009.

REALE, Miguel. *Em defesa dos valores humanísticos.* 17 jan. 2004. Disponível em: <http.//www.mi-guelreale.com.br/artigos/primvant.html>. Acesso em: 13 jul. 2015.

_____. *Primado dos valores antropológicos.* Disponível em: <http://www. miguelreale.com.br/artigos/ primvant.htm>. Acesso em: 13 jul. 2015.

_____. *Relatório de Implementação do Acordo Marco Europeu do Teletrabalho.* Disponível em: <http:// resourcecentre.etuc.org/linkedfiles/documents/Telework%20Final%20Implementation%20report%20 2006%20EN.pdf>. Acesso em: 21 out. 2015.

RIBEIRO, Raquel. *O princípio da precaução e a avaliação de risco no Decreto n. 4.074/2002.* 2005 Dissertação (Mestrado em Desenvolvimento Sustentável) – Centro de Desenvolvimento Sustentável, Universidade de Brasília, Brasília, DF, 2005.

RIBEIRO, Lélia Guimarães Carvalho. *A monitoração audiovisual e eletrônica no ambiente de trabalho e seu valor probante:* um estudo sobre o limite do poder de controle do empregador na atividade laboral e o respeito a dignidade e intimidade do trabalhador. São Paulo: LTr, 2008.

RIO DE JANEIRO. *Lei n. 2.586*, de 3 de julho de 1996. Estabelece normas de prevenção das doenças e critérios de defesa da saúde dos trabalhadores em relação às atividades que possam desencadear lesões por esforços repetitivos — LER —, no Estado do Rio de Janeiro. Disponível em: <http://www.jusbrasil.com.br/legislacao/144377/lei-2586-96-rio-de-janeiro-rj>. Acesso em: 1º maio 2009.

ROCHA, Claudio Jannotti da; MUNIZ, Mirella Karen de Carvalho Bifano. O teletrabalho à luz do art. 6º da CLT: o acompanhamento do direito do trabalho às mudanças do mundo pós-moderno. *Revista do Tribunal Regional do Trabalho 3ª Região*, Belo Horizonte, v. 87/88, n. 57, p. 101-115, jan./dez. 2013.

ROCHA, Julio Cesar Sá da. *Direito ambiental do trabalho*. São Paulo: LTr, 2002

_____. *Direito ambiental e meio ambiente do trabalho*. São Paulo: LTr, 1997.

RODRIGUES PINTO, José Augusto. *Tratado de direito material do trabalho*. São Paulo: LTr, 2007.

ROMITA. Arion Sayão. *Direitos fundamentais nas relações de trabalho*. São Paulo: LTr, 2009.

ROSSIT, Liliana Alloid. *O meio ambiente de trabalho no direito ambiental brasileiro*. São Paulo: LTr, 2001.

SACHS, Ignacy. *Desenvolvimento*: includente, sustentável, sustentado. Rio de Janeiro: Garamond, 2004.

SADY, João José. *Direito do meio ambiente do trabalho*. São Paulo: LTr, 2000.

SALGE JR., Durval. *Instituição do bem ambiental no Brasil pela Constituição Federal de 1988*: seus reflexos ante os bens da União. São Paulo: Juarez de Oliveira, 2003.

SALVADOR, Luiz. Consenso sobre negociação coletiva é prejudicial ao país. *Revista Jus Vigilantibus*, Sábado, 7 fev. 2004. Disponível em: <http://jusvi.com/artigos/1831>. Acesso em: 17 jun. 2016.

SANDS, Philippe. O princípio da precaução. In: VARELLA, Marcelo Dias; PLATIAU, Ana Flávia. *Princípio da precaução*. Belo Horizonte: Del Rey, 2004. p. 29-46.

SANTOS, Adelson Silva dos. *Fundamentos do direito ambiental do trabalho*. 1. ed. São Paulo: LTr, 2010.

SANTOS, Antonio Jeová. *Dano moral indenizável*. 4 ed. rev., amp. e atual. de acordo com o novo código civil. São Paulo: Revista dos Tribunais, 2003.

SANTOS, Antônio Silveira R. dos. *Meio ambiente do trabalho*: considerações. Jus Navigandi, Teresina, ano 4, n. 45, set. 2000. Disponível em: <http://jus2.uol.com.br/doutrina/texto.asp?id=1202>. Acesso em: 4 mar. 2015.

SAKO, Emília Simeão Albino. *Trabalho e novas tecnologias*: direitos *on-line*, ou, direitos de 4ª geração. São Paulo: LTr, 2014.

SARLET, Ingo Wolfgang. *A eficácia dos direitos fundamentais*: uma teoria geral dos direitos fundamentais na perspectiva constitucional. 10 ed. rev. atual. e ampl. Porto Alegre: Livraria do Advogado, 2009.

_____. *Algumas considerações em torno do conteúdo, eficácia e efetividade do direito à saúde na Constituição Federal de 1988*.

SCHÄFER, Gilberto; MACHADO, Carlos Eduardo Martins. A reparação do dano ao projeto de vida na Corte Interamericana de direitos humanos. *Revista de Direitos Fundamentais e Democracia*, Curitiba, v. 13, n. 13, p. 179-197, jan./jun. 2013.

SILVA, Alzira Karla Araújo de; CORREIA, Anna Elizabeth Galvão Coutinho. LIMA, Izabel França de. O conhecimento e as tecnologias na sociedade da informação. *Revista Interamericana de Biblioteconomia*, vol. 33, n. 1, p. 213-219, jan./jun. 2010.

SILVA, Ana Carla Vargas da. *Conheça a telepressão*: a necessidade de responder *e-mails* e mensagens. Juiz de Fora: Acesse Psicologia, 2014. Disponível em: <http://acessepsicologia.blogspot.com.br/2014/12/conheca-telepressao-necessidade-de.html>. Acesso em: 22 out. 2015.

SILVA, Camila Marques de Araújo. *Desconexão do ambiente de trabalho*: a aplicação desse direito no que tange ao teletrabalho. Rio de Janeiro: Webartigos, 2013. Disponível em: <http://www.webartigos. com/artigos/desconexao-do-ambiente-de-trabalho-a-aplicacao-desse-direito-no-que-tange-ao--teletrabalho/110669/>. Acesso em: 23 out. 2015.

SILVA, José Afonso da. *Direito ambiental constitucional*. 10. ed. São Paulo: Malheiros, 2013.

_____. *Curso de direito constitucional positivo*. 32. ed. rev. e atual. São Paulo: Malheiros, 2009.

SILVA, Márcia Santos da. O desenvolvimento econômico *versus* meio ambiente: um conflito insustentável. *Hiléia: Revista do Direito Ambiental da Amazônia*, n. 16, p. 143-157, jan./jun. 2011.

SILVA, Solange Teles da. *O Direito ambiental internacional*. Belo Horizonte: Del Rey, 2009.

SLEE, Tom. *Uberização*: a nova onda do trabalho precarizado. Tradução de João Peres. São Paulo: Editora Elefante, 2017.

SOUTO MAIOR, Jorge Luiz. Do direito à desconexão do trabalho. *Revista do Tribunal Regional do Trabalho da 15ª Região*, Campinas, n. 23, 2003. Disponível em: <http://trt15.gov.br/escola_da_magistratura/Rev23Art17.pdf>. Acesso em: 5 out. 2015.

SOUZA, Rafael Silveira de. *Dano existencial na relação laboral — a tutela dos direitos sociais*. São Paulo: Jusbrasil, 2015. Disponível em: <http://rafaelsilveiradesouza.jusbrasil.com.br/artigos/151317103/dano-existencial-na-relacao-laboral>. Acesso em: 19 maio 2016.

SIRVINSKAS, Luís Paulo. *Manual de direito ambiental*. 6. ed. rev. atual. e ampl. São Paulo: Saraiva, 2008.

_____. *Tutela constitucional do meio ambiente*. 2. ed. São Paulo: Saraiva, 2010.

_____. *Telelavoro*: secondo la Commissione il nuovo accordo costituisce una buona notizia per i lavoratori e per le imprese. Disponível em: <http://europa.eu/rapid/press-release_IP-02- 1057_it.htm>. Acesso em: 28 jan. 2018.

TEIXEIRA, Sálvio de Figueiredo. O meio ambiente. *Revista Consulex*, ano IV, n. 46, out. 2000.

THIBAULT ARANDA, J. El trabajo em la sociedade digital. In: CASANOVAS, Pompeu (Ed.). *Internet y pluralismo juridico*: formas emergentes de regulación. Grana: Comares, 2003.

TOFFLER, A. *A terceira onda*. Rio de Janeiro: Record, 2003.

TUMA, Márcio Pinto Martins. *Ampliação do intervalo intrajornada*: um dano existencial. São Paulo: LTr, 2016.

UNITED NATIONS ORGANIZATION. *Declaration of the United Nations Conference on the Human Environment*. Disponível em: <http://www.unep.org/Documents. Multilingual/Default.asp?documentid=97&articleid=1503>. Acesso em: 1º jan. 2017.

_____. *Johannesburg Declaration on Sustainable Development*. Disponível em: <http://www.un.org/esa/sustdev/documents/WSSD_POI_PD/English/POI_PD.htm>. Acesso em: 1º jan. 2017a.

_____. *Rio Declaration on Environment and Development*. Disponível em: <http://www.unep.org/Documents.Multilingual/Default.asp?documentid=78&articleid=1163>. Acesso em: 1º jan. 2017b.

VASCONCELOS, Laura de Menezes. Teletrabalho, meio ambiente laboral e *dumping* social: reflexões sobre o *dumping* social no teletrabalho a partir de estudos dos direitos/deveres relacionados ao meio ambiente laboral. Novas Tecnologias e relações de trabalho: reflexões. Organizado por Denise Pires Fincato. Porto Alegre: Magister, 2011.

VENDRUSCOLO, Tarcísio. *Do direito à desconexão do trabalho*. Rio de Janeiro: Advocacia Trabalhista, 2012. Disponível em: <http://trabalhistafw.blogspot.com.br/2012/01/do-direito-desconexao-do--trabalho.html>. Acesso em: 23 out. 2015.